房地产开发与管理研究

李 鸣 著

北京工业大学出版社

图书在版编目（CIP）数据

房地产开发与管理研究 / 李鸣著. — 北京 ： 北京工业大学出版社，2022.8

ISBN 978-7-5639-8427-5

Ⅰ. ①房… Ⅱ. ①李… Ⅲ. ①房地产开发—研究②房地产管理—研究 Ⅳ. ①F293.3

中国版本图书馆 CIP 数据核字（2022）第 166745 号

房地产开发与管理研究

FANGDICHAN KAIFA YU GUANLI YANJIU

著　　者： 李　鸣
责任编辑： 李倩倩
封面设计： 知更壹点
出版发行： 北京工业大学出版社
（北京市朝阳区平乐园 100 号　邮编：100124）
010-67391722（传真）　bgdcbs@sina.com
经销单位： 全国各地新华书店
承印单位： 唐山市铭诚印刷有限公司
开　　本： 850 毫米 ×1168 毫米　1/32
印　　张： 3.875
字　　数： 125 千字
版　　次： 2023 年 4 月第 1 版
印　　次： 2023 年 4 月第 1 次印刷
标准书号： ISBN 978-7-5639-8427-5
定　　价： 72.00 元

作者简介

李鸣，生于 1978 年 9 月，甘肃省兰州人，毕业于兰州交通大学，本科学历，高级工程师，现任甘肃城乡居房地产开发有限公司执行董事、总经理。主要研究方向：房地产开发与管理。

前 言

房地产业是国民经济的基本承载体，是在工业化、城市化和现代化过程中发展起来的独立产业。随着我国市场经济的不断发展，房地产开发与管理也呈现出一片欣欣向荣的景象。与此同时，也出现了一些问题，这些问题在一定程度上阻碍了房地产项目的正常运行。基于此，本书对房地产开发与管理展开了系统研究。

全书共五章。第一章为绪论，主要阐述了房地产的含义与特征、房地产的形成与发展、房地产的地位与作用等内容；第二章为房地产市场及其运行，主要内容为房地产市场概述、房地产市场的供求、房地产市场的运行规律等；第三章为房地产开发项目相关介绍,主要内容为房地产开发项目的概念和特点、房地产开发项目的可行性、房地产开发项目的定位与策划；第四章为房地产开发项目的建设，主要阐述了房地产开发建设程序、工程项目施工投招标、工程项目的竣工验收等内容；第五章为房地产开发项目的管理，主要内容为房地产开发项目管理概述、房地产开发项目进度管理、房地产开发项目成本管理、房地产开发项目合同管理、房地产开发项目销售管理等。

为了确保研究内容的丰富性和多样性，在写作过程中参考了大量理论与研究文献，在此向涉及的专家学者们表示衷心的感谢。

限于笔者水平，本书难免存在一些不足，在此，恳请同行专家和读者朋友批评指正！

目　录

第一章　绪　论

住房是保障人类生存和发展最为基本的物质条件，其重要性、复杂性和敏感性几乎贯穿于经济社会发展的每一个阶段。房地产业所造就的房地产产品，不仅是每个家庭生活与财产的重要组成部分，也是广大企业重要的资产构成。更为重要的是，房地产业在一个国家的宏观经济中往往也发挥着极为重要的作用。本章分为房地产的含义与特征、房地产的形成与发展、房地产的地位与作用三部分，主要包括房地产的概念、房地产的特征等内容。

第一节　房地产的含义与特征

一、房地产的含义

房地产通常又被称为不动产，是房产和地产即房屋以及土地这两种财产的总称。具体来说，房产指的是在土地上建筑的各类房屋，其中包括住宅、办公楼、工厂、学校、仓库等。而地产指的是土地和其上下一定的空间，主要包含地面道路和地下相关的一些基础设施等。房屋的建筑到房地产的租赁、买卖、赠与以及抵押等各种经济活动就是房地产的经济形态。

房地产的物质形态主要表现为房产与地产，二者之间是不可分割的，房屋依地而建，土地则承担着房屋的载体这一角色，鉴于房产和地产的整体性以及不可分割性，我们通常将房产和地产统称为“房地产”。

从概念上来看，房地产又可以分为狭义的房地产和广义的房地产。土地、土地上的永久性建筑物等皆是狭义的房地产。而土地以及建筑在土地上的永久性房屋、基础设施和诸如水和矿藏等一些自然资源就是广义的房地产，它还包括了与土地、房屋所有权相关的所有利益以及权利。

二、房地产的特征

（一）房地产的自然特征

第一，位置具有固定性和不可逆性。房地产选址需要经过严密的论证，而且正式建造之前必须经过相关政府部门的审批，在建造过程中严格按图施工。

第二，保值性。房地产项目的价格从 2000 年至今整体呈现上涨的趋势，未来也具有巨大的投资潜力。

第三，耐久性。房地产使用年限包括 40 年、50 年和 70 年，相比较其他商品具有耐久性的特征。

（二）房地产的经济特征

1. 经营对象的不可移动性

房地产业以土地及该土地范围内的建筑物为经营对象，位置固定不可移动。这一特性使得房地产业的开发、建设及经营等活动受到较多因素的影响，具体来讲，包括以下几方面。

①当地人口与经济因素。房地产产品具有不可移动性，除投资性消费外，较少有人会跨区域进行房地产消费，故房地产业交易市场受当地人口数量及经济发展水平的影响较大。

②区位因素。受城市规划的影响，同一城市不同区位的交通便利情况、商业繁华程度及医疗、教育等公共服务水平的差异明显，这些均为居民购房重点考虑的因素，故不同区位的房地产市场需求差异较大。

③属地政策因素。由于房地产业建设用地的特殊性及房地产产品的不可移动性，各地政府部门会结合城市整体规划对房地产业用地制定或调整相关土地政策，房地产业最重要的拿地环节及产品定位受此影响较大；另外，由于房地产产品无法跨空间流动，故房地产业市场活跃度受当地部门的经济政策、购房政策及人才引进政策等相关政策影响较大。

2. 项目开发周期长

房地产项目开发流程一般包括项目立项、项目前期准备、项目的建设施工以及项目销售和服务四个阶段。房地产项目开发每个阶段中的各个流程或工序涉及的行业、单位、人员、手续及相关管理较多，故每个流程或工序花费时间较长。这造成房地产业自项目立项至项目完结的整个运作周期持续时间较长，且难以压缩。由于房地产项目开发周期较长，一般为数年的时间，在此时间段内经济环境、消费水平、物价水平、政府政策及消费者喜好等因素易发生较大变化，其均会对房地产市场环境造成不同程度的扰动。

3. 投资成本高、回收期长且风险大

与其他产业相比，房地产业另一个较为突出的特征为项目开发的成本极高：①土地费用高；②管理费用高；③开发期间融资成本高；④销售费用高；⑤其他相关费用高。

项目立项、项目前期准备、项目的建筑施工及项目销售和服务四个房地产开发阶段中，前三个阶段属于纯费用支出，只在最后一个阶段会有资金的回流。房地产开发前期成本高、资金回流所需周期长导致投资回收期较长。

期间若发生薪资水平上调、材料费上涨、工程变更、工程索赔、银行贷款利率上浮及各种自然灾害、安全事故等情况均会增加开发成本，而后期不稳定的房地产市场环境又无法保障资金的正常回流，种种因素及各个方面导致房地产项目投资风险极大。

第二节　房地产的形成与发展

一、房地产的形成

我国的房地产业起步较晚，其形成主要源于 20 世纪 80 年代初的住房制度改革以及土地使用制度改革。

（一）住房制度改革为房地产开发开辟了广阔市场

20 世纪 80 年代初，根据邓小平同志提出的有关住宅商品化的构想，我国城市开始了住房制度改革的理论研究和实践探索。在理论上，统一了城市住宅具有商品性的认识，有关“住宅商品化”“土地有偿使用”等理论逐渐被确认；在实践中，烟台市“提租发券，空转起步”的房改制度迈出了我国住房改制的第一步，并逐步加大房改的步伐，逐步迈入住房自有化、居者有其屋的新阶段。

城市住房制度改革使住房纳入商品经济的轨道，将住房作为商品，通过市场交换进行住房的配给，这就为房地产开发开辟了需求市场，使房地产开发者能够将商品房通过市场交换获得收益，并进行商品房的扩大再生产，从而形成房地产开发的良性循环。

（二）土地使用制度改革为住房商品化铺平了道路

从 20 世纪 80 年代初起，我国逐步开始了土地使用制度的改革。首先在沿海城市开始收取土地使用费的试点工作，继而发展到建立和开放土地市场，这些实践取得了显著的成效。

土地有偿使用制度的改革对城市房地产开发带来了根本性的积极影响，具体表现如下。

①由于土地与房屋不可分割，土地若不能有偿转让，实行住房商品化就是一句空话。土地有偿使用制度的改革，使得土地使用权可以连同房屋所有权一起转让，从而为住房商品化铺平了道路。

②土地有偿使用制度和逐步建立、完善的土地市场，有利于调整土地的供求关系和优化土地使用结构，提高了土地资源的利用率。同时，土地资源的重新配置，使房地产开发者源源不断地从市场上取得土地变为可能，从而得以持续进行房地产开发经营。

③土地具有增值效应，开发者在土地上投资开发，必然享有开发的收益，这样就刺激了开发者的积极性，促进了房地产开发的不断发展。

总之，正是由于我国住房制度的改革以及城市土地使用制度的改革，我国的城市建设与房地产开发才得以不断发展、壮大。伴随着我国房地产开发经营的不断发展壮大，20 世纪 80 年代末期，我国的房地产中介服务以及物业管理等房地产活动也逐渐发展起来。至此，我国的房地产业开始真正形成，并随着社会经济的发展而逐渐稳步发展。

二、房地产的发展

从我国房地产行业的发展历程来看，主要分为以下五个阶段，如表 1-1 所示。

表 1-1　我国房地产市场发展阶段

年份	1978—1997 年	1998—2003 年	2004—2013 年	2014—2018 年	2019—2022 年
阶段	萌芽发展期	蕴蓄发展期	高速发展期	全面规范期	后疫情阶段

（一）房地产萌芽发展阶段

1978—1997 年我国城镇与农村居民收入和人均 GDP 如表 1-2 所示，1978 年，我国的住房政策采用的是国家分配制度，人均住宅面积为 12 m^2，人民也没有房地产这个概念，而在十一届三中全会后，房地产的孕育和发展成了无法避免的存在，作为国家战略发展的重要一环，房地产行业也进入了决策层的视线。但在改革初期，房地产行业发展的理念与当时的土地公有制产生了冲突，即房地产的私有化与土地公有制的冲突。

表 1-2　1978—1997 年我国城镇与农村居民收入和人均 GDP

年度	城镇居民可支配收入 /（元 / 人）	农民纯收入 /（元 / 人）	人均 GDP/（元 / 人）
1978	343	134	381
1979	412	161	419
1980	478	191	463
1981	458	223	492
1982	495	270	528
1983	526	310	583
1984	608	355	695
1985	739	398	858
1986	900	424	963
1987	1002	463	1112
1988	1181	545	1366
1989	1376	602	1519
1990	1510	686	1644
1991	1701	709	1893
1992	2027	784	2311
1993	2577	922	2998
1994	3496	1221	4044
1995	4283	1578	5046
1996	4839	1926	5846
1997	5160	2090	6420

随后，邓小平同志提出住宅私有化和有偿转让土地等问题，实现了理论突破，制定实施了一系列土地法、规划法等，解决了我国房地产在社会主义公有制的前提条件下出现的问题，实现房地产合理合法化，从而为房地产的发展提供了重要的依据。

1980 年，由于当时社会经济的发展和消息的闭塞，我国不存在房地产交易现象，因为当时的房地产并不能称之为房地产，随后在建筑业和住宅行业发展会上，邓小平同志表明房地产行业以及其带动的建筑业是很多发达资本主义国家重要的经济支柱。发展建筑业对我国工业的发展至关重要，而房地产行业直接影响建筑业的发展，基于该理论基础，邓小平提出了很多关于我国房地产政策以及体制改革的建议和意见，他明确指出房地产所能涉及的各项生产环节，并针对各个生产环节给出了对应的指导性流程，从此我国的房地产行业再次登上一个新的发展历程。

从 20 世纪 80 年代的计划经济转化至后来的允许自然人和法人均可自由买卖房地产并公开交易，虽然附着的土地性质没有改变，但我国政府也相应出台了自然人建房、国有土地必须有偿使用、房地产开发企业综合建设等指导意见。

中共十三大于 1987 年举办，会议提出我国在中国特色社会主义的发展历程中必须包括完善的房地产开发市场，这一思想的提出明确了房地产开发市场在中国资本市场上的诞生。

之后北京市城市开发总公司成立，该公司的成立也预示着我国房地产行业真正拉开了发展的序幕，出现了中国经济发展必不可少的一个行业。但此时我国的房地产行业发展的业务还是十分单一的，仅有民间个人交易房产与房地产中介公司的交易两种形式。

1991 年在邓小平同志的指导下，我国首先将广州和深圳作为商品房开发试点城市，并从我国居民的实际需求出发，实施了一系列的房地产开发改革政策。我国房地产行业当时在部分城市的试点取得了成功，职能部门制定了相关的法律法规，对房地产市场上的不规范行为进行了约束。

邓小平 1992 年初在南巡时发表讲话，此时是我国房地产政策较为宽松的阶段，1992 年至 1993 年期间，国家对土地批租审批权力的下放，使得房地产市场的发展迎来春天。

我国房地产行业高速发展是从 1993 年开始的，由此也产生了相关问题，政策的宽松使得我国的通货膨胀提升，随后我国政府陆续实施了制约政策，随着我国宏观经济的过热，房地产泡沫也随之产生，此次便是我国首次房地产泡沫的形成，其最具有代表性的便是我国的海南省，表现为房地产供应市场过大，而消费者需求往往很低。为了改善此次房地产泡沫的形成，我国政府通过清理土地、收紧货币政策等政策干预，消除了局部市场的房地产泡沫。

（二）房地产蕴蓄发展阶段

1998 年是我国房地产发展至关重要的一年，《国务院关于进一步深化城镇住房制度改革加快住房建设的通知》指出，全国上下结束住房分配政策，改变了我国全体居民分福利房的现状，居民可通过全款、按揭贷款政策购买市场流动住房。

随着我国住房制度改革的大幕正式拉开，房地产市场化进程中的首要标志就是住房抵押贷款的实施，这直接推动了房地产市场的快速发展和我国 GDP 增速的提升，房地产行业也成为我国经济发展的新动力，一定程度上抵御了亚洲金融危机对我国经济的冲击。

1998 年在宽松的货币政策下一些民营企业开始萌芽，其中房地产企业中大量的民营房地产企业开始快速发展，房地产市场的兴起致使我国的房地产企业数量的增长达到了峰值，由此可以看出国内房地产市场政策和经济环境已经和居民消费息息相关。

2002 年下半年，我国正式加入 WTO（世界贸易组织），中国由此开始了参与国际大分工时代，中国经济承受着全球经济的影响，城市就业机会越来越多，致使我国居民人口结构开始发生变化，很多的农村居民开始涌入沿海等较为发达的城市，大部分的大学生毕业后奔向一二线城市。

我国的经济飞速发展，人均 GDP 也开始进入两位数时代，随之而来的就是居民的消费结构开始发生变化，从一开始的单纯要求能够吃饱穿暖的低层次需求上升到了情感需求。住房的改善也普遍被家庭纳入消费议程里。

根据 1998—2002 年我国商品房销售面积、商品房平均价格和人均 GDP 波动趋势图，可以发现 1998—2002 年这 5 年是中国房地产行业发展较为平稳的一段时间，5 年期间我国居民对房产市场投资平均每年的增长率是 22.5%。随着房地产投资额的增加，对应房地产竣工面积也持续增长，平均每年增长 19.35%，房地产销售面积平均每年也相应增长，增长率为 22.5%。衡量房地产市场重要的三项指标均同步增长，再加上供应和需求旺盛，在这一期间，我国的房地产市场运行良好。

我国出台的相应政策直接影响了我国房地产发展的历程，房地产行业发展迅速，市场需求火热，大量资金流进房地产企业，政府不得不开始通过无限制地出让土地获得预算之外的财政收入。随着房地产行业超过国家宏观经济的增速，很多热点城市出现了房价过高过热的情况，我国政府为了遏制这一不健康的发展，不得不再次收紧货币政策并出台相关政策，由此控制住了房地产市场快速发展的局面，戳破由于极速发展造成的泡沫现象。但就整体而言，这个阶段房地产的发展仍是快速发展的一个阶段。

（三）房地产高速发展阶段

我国房地产行业的高速增长期是 2004 年，当年我国房地产行业投资持续保持 20% 的同期增长，房地产销售价格涨幅较同期增长翻一番，每年的竣工面积也持续增长。大部分城市的房价出现新的高点，部分城市的房价已经出现虚高的势头。居民开始追求住房品质的问题，城市居民人均面积由 12 m^2 增加到 32 m^2。

在我国房地产发展的近 10 年里，消费、投资和进出口俨然成了拉动中国经济的三驾马车，在该期间房地产无疑是占投资总量权重较大的部分。居民收入水平提高、基础设施的完善、实体经济的发展等一系列因素不得不提高我国的城市化需求，那么房地产行业就会得到有效推动,房地产市场也会趋于向好。

2004 年政府采用行政干预、提高税收、提高贷款利率等综合手段调控房地产市场，但最终仍然不能影响我国房地产市场的火热程度，且我国的房价并没有因为政策的提出而有所降低。

2007年，我国政府颁发了《关于加强商业性房地产信贷管理的通知》，该通知明确金融机构可自行上调房贷价格，控制贷款规模。

2008年，全球金融危机爆发，受影响的重灾区便是东南亚城市，中国也没能得以幸免，在此期间我国房地产市场也受到了相应的影响，房地产行业出现了滑坡现象，对应的房地产销售价格、国家土地出让面积、房地产行业房屋竣工面积均出现滑坡现象，房地产行业对当年的国家经济贡献也出现了下降的趋势。之后，国家为了刺激经济发展，出台了一系列更为宽松的货币政策推动经济的发展，更直接推动了房地产价格的上涨。随之而来的问题开始频频发生，我国部分城市的房地产销售价格已经远远地超过了居民的购买能力。

我国房地产市场调控最严厉的一年为2010年，居民保障性住房的呼吁越来越大，我国政府在房地产可以健康发展、居民利益不受损害的准则下颁发了家喻户晓的“国十一条”，该条款主要约束了商品房的供给的有效性准则，并在政府土地供应量、各种税费、金融机构贷款政策等基础上抑制了居民投机性购买商品房的现象，“国十一条”规定一个家庭购买二套房的首付比例不能低于40%，关闭购买第三套房的贷款途径。这个措施暂时扼制了当时房地产过热的现象。同年的4月份国务院再次颁发了新国十条，主要内容是从政府内部层面出发，要求政府应当建立起部门权威，实行严格的考核问责制。

国务院于2011年颁布了新国八条，该通知的出台，有效地抑制了我国房地产市场快速发展的局面，通知明确居民家庭购买二套房的首付比例提升至60%，并在重庆和上海两个试点城市征收房产税。

2012 年中国人民银行要求国内商业银行开始实施差别化房贷政策，从金融机构层面上有效保障了居民首次买房且自住的贷款需求。我国于 2013 年开始扩大个人商品房房产税试点范围，加快保障性安居工程的建设。

（四）房地产全面规范阶段

随着城镇化的扩展和时代的发展，居民对住房品质的要求越来越高，2014 年中国人民银行发布了通知，明确将一个家庭的二套住房标准由之前的“认房又认贷”改为“认贷不认房”，当年我国房地产市场的发展有所减慢。2015 年一系列政策的刺激致使次年我国房地产行业的增速达到了 3.03%，2016 年 2 月份政府采购计划部、国家税务局联合出台了《关于调整房地产交易环节契税、营业税优惠政策的通知》，该通知主要明确了降低居民房地产的契税比例，居民二手房再次交易时，如果二手房的房龄在 2 年以上，那么便免征交易营业税，国家税务总局不再征收 2 年以上非普通住宅的营业税。

以上政策的出台导致 2016 年 10 月份，我国部分较发达城市的房地产市场过热，很多楼盘出现了日光盘，国家不得不再次出台相关制约政策，首次提出了限购限售、限价限贷，政策的实施使得我国部分较发达城市的房价降温回落，我国在 2017 年迎来房地产市场管控最严厉的调控年，但从我国 2016—2017 年的房价走势可以看出相关政策的出台并没有真正遏制房价的突飞猛长，我国大部分城市的房价反而越管越高。

（五）房地产后疫情阶段

2019 年 12 月以来，由于我国受到新冠肺炎疫情的影响，国内经济受到冲击，国家提出“双循环”策略，放宽货币政策，将资金流向金融市场，使得房地产市场去库存周期变得更长。

2020 年，全球经济环境疲软，国内很多进出口业务得到了遏制，导致我国部分社会资金再次流向房地产行业，全国房地产再次升上新的台阶。

第三节　房地产的地位与作用

一、房地产业属于基础性产业

房地产是具有双重属性的，一方面是生产资料属性，另一方面是生活资料属性。而房地产的这两种属性就已经决定了它在整个国民经济活动中的基础性产业地位不会发生变化。

从生活资料属性这一方面来说，它不仅仅是人们生活的场所，同样也是人类赖以生存的基础。而从生产资料属性这一方面来说，因为生产过程中的劳动对象以及劳动资料的总和是生产资料，同时生产资料又是社会在进行物质生产过程中必备的物质条件，而在任何的社会生产过程中，尤其是在现代经济社会的生产经营活动过程中，对生产资料的依赖更强。而房地产商品作为现代经济社会的生产经营活动过程中必需的生活资料和生产资料，不仅仅涉及社会生产和再生产的过程，还涵括了科技、文化、卫生以及教育等各行各业，它是各种社会经济活动得以正常运行的基础，也是空间条件和物质载体。而这些就决定了以房地产为经营对象的房地产业必然作为整个国民经济的基础性产业。一般而言，房地产业在相应地区经济发展中处于基础性产业的地位。

二、房地产业属于先导性产业

伴随着房地产业的快速发展，它与其他行业之间的关联越来越紧密。通过查阅相关资料发现，与房地产相关的部门以及产业涵盖几十个，涉及建材、家具家电、采矿、机械等众多的行业，它们之间相互作用、相互影响。

一方面，房地产的兴衰对推动相关关联部门或行业的发展都有着重要的直接或间接的影响。就水泥、建材以及钢材等与房地产业关联度非常高的行业来说，繁荣的房地产业会影响并带动这些行业的产能不断扩张，而房地产业的衰退会直接或间接地影响这些行业的发展，甚至可能会导致这些行业出现产能过剩等问题。

另一方面，这些关联行业的政策、价格波动等因素也会对房地产的开发成本、进程甚至是质量等方面产生较大的影响。就是因为受到这些关联关系的影响，地区经济发展也会在一定时期内以及一定范围内随之产生波动或起伏。所以常说房地产业是经济发展的晴雨表。因此，房地产业在经济发展中处于先导性产业的地位。

三、房地产业属于支柱性产业

房地产业作为为生产和生活服务的第三产业，在许多发达国家都已成为国民经济的一个支柱产业，而且，被认为是最具活力和最重实效的产业，在国民生产总值中的比重一般为6% ～ 12%。

20 世纪 90 年代以来，中国兴起了“房地产热”，房地产业的发展和房地产市场的兴起不仅使原来处于“休眠”状态的房地产经济自身得以进入良性循环的轨道，而且也有力地带动了相关产业的发展，为当代中国经济的现代化发挥了“龙头”和“基础”的作用。

房地产业的支柱性表现在：它为国民经济各行各业的发展提供最基本的物质条件——房和地，它为劳动力提供最基本的生存条件——住宅和各项配套服务设施。

四、房地产业是国家财政收入的重要来源

房地产业是构成国家财富的重要组成部分，是一个高附加价值的产业部门。发展房地产业可获得高额利润，为国家创造巨额财政收入。在发达国家或地区，房地产经营收入一般可占到政府财政收入的 10% ～ 40%。

在我国，“八五”期间房地产业为国家提供税收平均每年达到 200 亿元，房地产税收近几年则成倍增长。

五、房地产业是发展第三产业的突破口

房地产业能够促进我国产业结构的调整，有效加大第三产业在国民经济中的比重。我国经济结构中，最为突出的问题是第三产业所占比重过低，只有 20%，远低于发达国家普遍达到的 60% 的水平。第三产业的滞后发展严重制约了第一、二产业和整个国民经济的发展，这同时也说明了我国第三产业的发展具有很大的潜力。作为第三产业第二层次的房地产业因其具有先导性和基础性特征，它的加速发展，必将带动第三产业的加速发展。

第二章　房地产市场及其运行

与一般市场相同，房地产市场是由参与房地产交换的当事者、房地产商品、房地产交易需求、交易组织机构等要素构成的一个系统。这些要素反映着房地产市场运行中的种种现象，决定并影响着房地产市场的发展与未来趋势。本章分为房地产市场概述、房地产市场的供求、房地产市场的运行规律三部分，主要包括房地产市场的含义、房地产市场的结构等内容。

第一节　房地产市场概述

一、房地产市场的含义

市场一词来源于古代，是人们对商品交易场所的称呼。发展到了今天，市场具有两个含义：狭义的交易市场指的是一般意义上的市场、农业商贸交易的市场以及股票证券市场等；广义的市场则是所有交易行为的一种全称，即市场一词并不是只指代交易场所，同时还包括了所有的一系列交易行为。

随着商品经济的不断发展并达到了一定的水平，房地产市场就出现了。同时，房地产市场也随着商品经济的发展而发展。

另外，房地产市场作为商品经济不可缺失的一部分也存在广义和狭义之分。

从狭义的角度来分析，房地产市场就是房地产商品进行交易的地方。换句话说，在供给与需求相互作用的条件下，房地产商品通过市场的流通来实现其自身的价值。

从广义上来说，房地产市场是指房地产商品进行交易时所有经济活动的总称，也是地产流通全过程的总和。

二、房地产市场的特点

房地产商品与普通商品相比，除了具有一般商品的共性之外，它还具有其他商品所没有的特征；正是由于这些特征的存在，房地产市场的失衡远高于一般商品；又因为房地产经济在我国的市场经济中占有重要的地位，对国家乃至一个地区的稳定发展有着至关重要的作用，所以深入分析房地产市场的特点是不可缺少的。

（一）交易对象的地区性

房地产商品是固定资产且归属于不动产，地理位置不可移动，具有很强的区域性，这就直接导致房地产市场是一个地区的交易市场。当一个地区的供给不能满足需求的时候，或者是供过于求的非均衡状态下，它不可能像别的商品一样从一个地区调配到另一个地区。同时不同的交易地区价格也是不相同的，房地产有很强的地域性。

（二）竞争的不充分性

房地产商品市场与普通的商品市场不同，其具有较高的市场交易价格，所以进入市场的竞争者相对较少；再加上房地产需要投入大量的资金，而且交易双方的信息存在较大的不对称性，同时房地产交易对象有着很强的地域性特点，所以导致它的商品替代性很小，这些都将导致房地产的竞争性不充分，具有极大的垄断性特点。

（三）交易的复杂多样性

由于房地产商品的交易都是产权交易，而且交易涉及大量的资金，交易的时候与金融高度相关，这些就导致房地产交易具有复杂性。

同时房地产自身有着不同的特点而且人们的需求也不尽相同，所以房地产的交易呈现出多种多样的形式，比如基本形式就有房地产开发商与政府的土地交易、开发商与购房者的买卖租赁交易等，这些基本交易形式还衍生出了其他交易形式，如抵押、典当、拍卖、信托。

三、房地产市场的分类

第一，按功能划分。根据其功能，它们可以分为两类：分别是住宅市场和非住宅市场。住宅市场又可以更深一步地划分为三类——普通的住宅市场、高档公寓市场以及别墅市场；同时非住宅市场又可划分为写字楼市场、商铺市场、工业用房市场等等，以上就是按照功能的划分。

第二，按照档次划分。根据该分类标准，可以具体划分为三类，分别是高端市场层次、中等市场层次以及低端市场层次。

第三，按照区域的范围划分。根据该分类标准，可划分为两类，即整体房地产市场和区域房地产市场。例如，可以分为全国、某个地区和某个城市的房地产市场。

第四，按照交易的方式划分。房地产市场依据经济主体的交易方式不同具体可划分为房地产销售市场、房地产租赁市场、房地产抵押市场、房地产典当市场和房地产保险市场等。这里主要介绍一下房地产抵押与典当二者的区别。

房地产典当和房地产抵押都可以用于资金借贷中的债权担保。设立房屋抵押，主要是为了以房产为抵押物来保证债务履行；而设立房屋典当的目的，从出典人的角度来说，是为了取得典金，从承典人的角度来说则是为了取得典当房屋的使用和收益权。因此房地产典当最核心的标志是房屋占有权的转移，而抵押不转移房屋的占有权，即抵押人对抵押的房地产仍有占有、使用、收益和继承等财产权利。这是它们之间最主要的区别。由于承典人占有房屋，其就有可能获得该房产的收益，通常将这种收益充抵借贷资金的利息，因此一般通过房地产典当的借贷是不付利息的。

第五，按经济主体的交易目的划分。根据该分类标准可以分为两大类：房地产使用市场和房地产投资市场。房地产使用市场是指经济实体为购买、出售或租赁房地产而使用的房地产市场。房地产投资市场是为了买卖房地产而最终进行投资（转售、租赁或转租）的市场。

第六，按照达成交易与入住的时间划分。依据这种划分标准可以划分成两大类，分别是现房商品市场和期房商品市场。现房商品指的是经过检查验收并取得房地产权证的商品房；期房是指未经检查验收的商品房。

第七，按照时间划分。可分为三类，分别是过去的、现在的以及未来的房地产市场。过去的房地产市场和现在的房地产市场情况可以通过调查国家或者地区的统计年鉴以及相关的房地产信息得到，而未来的房地产市场可以通过搜集过去的和现在的房地产信息来预测和了解。

四、房地产市场的结构

房地产市场指从事房产、土地的出售、租赁、买卖和抵押等交易活动的场所和领域。房地产市场交易的商品是房产，交易的行为是买卖、租赁等。

房地产市场流通的渠道涉及一级、二级和三级市场。

房地产一级市场也称土地出让市场，它是指国家指定专门的政府部门把规定使用年限的城镇国有土地以及农村集体所拥有的土地使用权出让划拨给相关土地使用者的市场。因为我国是社会主义国家，土地具有公有属性，所以房地产一级市场基本上由国家垄断。

房地产二级市场（增量市场）是指房地产开发商将商品房卖给消费者形成的市场，即生产者与消费者之间的新房转移市场。

房地产三级市场（存量市场）是指房屋的购买者或者拥有者再次将房屋投入市场进行出租或者转让形成的交易市场。

综上所述，因为涉及土地的出让，一级市场由国家垄断，二级市场和三级市场的均衡交易有助于房地产行业的均衡发展。

第二节　房地产市场的供求

一、房地产供给

（一）房地产供给的概念

需求的满足来源于供给。房地产供给是指在一个特定时期内，房地产商在某一价格水平下，愿意而且能够供给的房地产数量。房地产供给是供给愿望与供给能力的统一。供给要满足两个条件：一是房地产商愿意供给，二是房地产商有供给能力。仅具备供给愿望而不具备供给能力，不能形成真正的供给；只具备供给能力而无供给愿望，也无法形成供给。

（二）房地产供给的构成

房屋供给可以大体分为两类。第一种是已经建成并且可以销售，进入流通领域的房屋，这类房屋就是我们通常所购买的商品房。这其中又包括在售的可供人们购买的房屋，另外一种是已经建成，但是并不销售的房屋，这可能是由于房地产市场不如预期，所以将一部分房屋作为储备，暂时储藏起来不予出售，这里不包括二手房。第二种是正在建造的商品房，这类商品房一般不具备出售的条件，这其中包括二手房、社会保障型住房等等。

（三）房地产供给的影响因素

影响我国房地产市场供给端的因素有很多，理论上来说，包括国家整体的金融环境、针对房地产行业的政策、房地产企业的经营情况、土地的供给量和房地产企业对地区的未来预期等。这里根据影响因素的可量化性和数据的可采集性，将其概括为以下几个方面。

1. 房地产企业开发投资情况

房地产开发投资额代表地区房地产发展规模的大小，包括土地开发工程和土地购置的投资，直接决定本年度房地产施工面积和竣工面积的大小，进一步表示地区房地产销售面积的大小。当房地产企业开发投资额较高时，房地产市场较为火热，房地产供给量上升；相反开发投资额若呈现下降的趋势，房地产市场则表现出萧条的局面。

我国 35 个大中城市房地产开发投资额的总量呈现逐年上升的趋势，虽然每年的增长速度不同，这与当年的国家政策和国家整体经济环境分不开，但是增长量已经居于较高的水平，从 2001 年的 4.26 亿元，增长到 2019 年的 6.21 亿元，增长率为 45.77%，为房地产市场的发展提供了充足的供给量。

2. 房地产新开工面积

新开工面积代表潜在销售面积，是房地产销售面积的供给源头，为房地产企业后续进行销售行为做铺垫。

新开工面积呈现增长的趋势，表明房地产市场走向良好，房地产市场需求量大于供给量。若地区新开工面积增长缓慢甚至出现下降趋势，表明地区房地产市场供需均衡或者供给大于需求，盲目提高新开工面积会造成房地产库存量上升的局面，造成房地产市场恶性循环。

3. 地区生产总值

地区生产总值代表本地区本年度所产生的全部最终产品

和劳务的市场价格总额。地区生产总值的增速呈现上升的态势，表示一个地区经济市场较为活跃，企业投资和居民购买均处于一个较高的水平；相反地区生产总值增速下降甚至出现负增长的局面，表示地区经济发展萧条，国民收入降低，随之而来的是消费能力的减弱。这时需要国家对房地产市场进行宏观调控，比如央行通过出台降低利率等措施刺激经济增长。

地区生产总值的变化与居民的消费水平息息相关。2020年我国国民生产总值为101.6万亿元，首次突破百万亿门槛，房地产行业增值为7.45万亿元，加上建筑业合计增值为14.8万亿元，占国民经济的比重为15%，位列各行业第三名。总的来说，从今往后相当长的时间里，房地产行业仍旧是国民经济中的支柱性产业。

4. 房地产开发企业个数

房地产开发企业个数代表房地产市场的活跃程度，一方面，房地产开发企业个数的增长表示房地产从业人员增多，一定程度上反映房地产行业具有很高的热度。另一方面，房地产企业个数的增长，也代表有更多的企业计划开发房地产市场，同时也代表将有更多的企业加入房地产市场。

5. 土地供给

我国的城镇化率在不断提升，越来越多的人口从农村涌入城市，再加上房地产行业的不断发展以及我国对于耕地红线的管控，目前土地资源的供应逐渐紧张。对于土地供给的调控有多种手段，控制土地供应、调整土地价格等都可以对房地产市场产生影响。

相对于其他国家，我国的土地供应政策比较特殊，我国的土地供应是由政府掌控的，政府可以通过调整批准通过的数量来对房地产商的开发起到调解作用。近些年，我国的土地购置面积总体呈下降趋势，从中可以看出政府对于土地供应的严格把控以及对于耕地红线政策的贯彻落实，这对房地产市场的供给量产生了一定的影响。

6. 土地价格

近几年央行加大了对于“地王”的管控，实际上从 2019 年 5 月起，央行对于融资渠道的审查愈加严格。2019 年 7 月 31 日首次提出，“不将房地产作为短期刺激经济的手段”，想要通过房地产市场来刺激经济回暖的预期被彻底打破。与此同时，政府开始对房地产信托、银行等机构进行整治，同时又对开发贷等融资渠道进行了进一步的限制。

2019 年下半年起，部分房企暂停投资以规避风险。原因在于许多房地产项目都面临着销售的困局，如何提高销售率成为许多企业的难题；另一方面，负债比例太高的房企在今年又被动削减投资开发活动。从总体情况来看，房地产企业的逐渐理性化拉动了土地的溢价率的持续走低，进而影响房地产市场的供给量。

二、房地产需求

（一）房地产需求的概念

需求与供给是相对应的概念，房地产需求是指消费者在特定时期内，在某一价格水平时，愿意购买而且有能力购买的房地产商品的数量。在理解需求这一概念时应该注意的是，需求必须具备两个条件：一是消费者愿意购买，二是消费者有能力购买。需求是购买欲望和支付能力的统一，缺少任何一个条件都不能成为需求。如果仅有第一个条件，则只能被看成需要或欲望，而不是需求；如果仅有第二个条件，则不能使购买或承租行为发生。

（二）房地产需求的构成

人们对于房地产的需求并非仅仅局限于传统的居住需求，随着人们生活水平的提升，越来越多的因素被考虑进了购房需求中，一般来讲，可以将人们的房地产需求大体分为以下几类。

1. 住宅需求

人们对于房屋的最基本要求即居住要求。我国与他国不同，人们将房屋视为家庭的基础，据《中国人婚恋状况调查报告》，七成以上的接受采访的女性认为有房才会结婚，房屋是成家立业的重要前提条件。人们买房自住的需求是刚性的，其受到房屋价格变化的影响比较小。央行所公布的调控政策更多的是保障人们最基本的居住需求，抑制房屋的投机需求，稳定房价。

2. 升值保障

将房地产市场视为新的投资渠道。我国的股票市场等投资渠道有一定的风险性，而且风险较大，有较高的投资门槛。对于普通居民来说,想要承担低风险的同时有较可观的回报收入，房地产市场是一个不错的选择。我国的房地产市场发展迅速，大多数城市的房地产升值迅速，所以人们将房屋视为一个不错的投资渠道。

3. 投机需求

投机需求一般指投资者承受巨大风险，从房价的短期变化中获取巨额利润的行为，它与长期投资不同，更加侧重于短期利润的获取。但是大量投机行为的出现会扰乱市场秩序，导致房价虚高，影响房地产市场的稳定。

（三）房地产需求的影响因素

影响我国房地产市场需求端的因素有很多，从理论上来说，包括国家经济发展水平、房地产市场相关政策、居民消费指数、人均可支配收入水平以及地区年末总人口数，还包括房地产平均销售价格等。这里根据影响因素的可量化性和数据的可采集性，将其概括为以下几个方面。

1. 房地产平均销售价格

房地产平均销售价格反映地区房地产的平均销售价格，表现房地产销售价格的高低，区域之间横向对比可以体现销售价格之间的差距，时间维度纵向对比可以体现地区销售价格的涨幅程度。总的来说，房地产平均销售价格可以对房地产市场的需求端产生一定的反作用。

房地产产品是一种具有较高价格的不动产，也是居民生活的保障性产品。平均销售价格大幅度上涨对房地产市场的供给量有一定的促进作用,平均销售价格上涨反映出销售利润上涨，有利于房地产企业的开发投资额增长，进一步带动房地产施工面积增长。

2. 居民人均可支配收入

居民可用于最终消费和储蓄的资金的总合是居民可支配收入，它在一定程度上反映居民购买力的水平。居民可支配收入的增加能带动社会企业投资的增长,间接影响政府的财政收入。

另外，居民人均可支配收入的提高可以增强居民改善自身生活居住条件的意愿，促使居民对房地产行业进行投资，增加房地产市场的需求量。故消费者对房地产市场的潜在购买力可以通过增加居民人均可支配收入达成，进一步影响房地产市场的需求量。

3. 地区经济发展水平

地区经济发展水平影响居民的人均可支配收入，若地区经济发展水平良好，居民人均可支配收入会相应地提高，能满足居民对房地产投资的需求，也有助于改善居民消费结构，刺激居民为改善生活、提高生活质量而购买改善型住房。

4. 地区年末总人口数

地区年末总人口数可以较直观地表现出一个地区的人口发展状况，深层次地展示出一个地区的人口结构和潜在购买力。年末总人口数表示一个地区的消费潜力，决定房地产市场的规模。

地区年末总人口数若出现逐年上升的趋势，则可以带动地区人口的增长，提高房地产的施工面积。但是若房地产施工面积难以与地区年末总人口数和购买力保持同步增长，易造成施工面积过多，从而导致房地产库存量增多。

5. 房地产开发企业个数

房地产开发企业个数不仅与房地产市场供给量有关系，更与房地产市场需求量有关系。房地产开发企业个数反映出某一地区某一时刻的房地产开发企业的数量，更反映出某一地区居民对房地产企业的关注程度和回应程度，代表某一地区房地产市场的潜在购买量的多少。

一个地区房地产市场潜在购买量呈现增长的趋势，会带动本地区房地产企业加大投资规模，同时会吸引非房地产性质的企业积极进行战略调整，向房地产行业转型，带动房地产企业个数的增加。

6. 心理预期

人们对于政府政策措施的预期以及对于未来房价的预期会影响到人们的购房需求，预期房价不断上涨，人们的购买需求会只增不减。

7. 政策手段

强制性的行政手段，如限购、限贷等，对于抑制过热的需求具有明显的作用，信贷规模、存款准备金率、货币供应量等政策工具的调整也会对购房的成本产生较大影响。但是，在运用政策手段尤其是行政手段进行调控时，需要对调控的群体加以区分。

三、房地产供给与需求理论

在商品经济时代，供给可以转换为生产，需求可以转换为消费，所以供给与需求的关系可以转化为生产和消费的关系，生产和消费之间的均衡有助于推动社会和谐发展。若出现供给大于需求的情况，则会导致产品过剩和社会资源的浪费；若出现供给小于需求的情况，则导致产品价格过高，影响社会的和谐关系。

如图 2-1 所示，供需曲线表示商品数量和价格之间的函数关系，其中横轴 OQ 表示数量，纵轴 OP 表示价格，D 代表需求曲线，S 代表供给曲线，两曲线相交的点（Q_1，P_1）即供需均衡的点，对应的 Q_1 为供需均衡状态中的商品数量，P_1 为供需均衡状态中的商品价值。

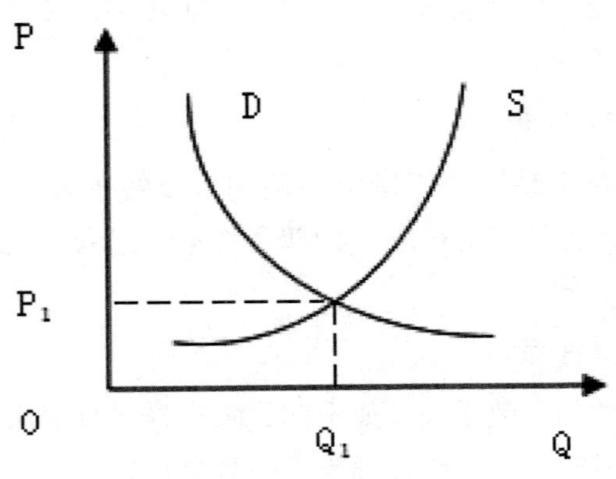

图 2-1 供需曲线图

以房地产市场为例，房地产市场中的非均衡表现在，居民的需求与房屋的供给之间若供给量大于需求量，则会造成社会房屋存量过多，库存面积过大。若需求量大于供给量，则会造成一房难求、房屋销售价格上涨和社会资源不合理分配等现象。

房地产市场中供大于求表现为房地产销售面积小于房地产施工面积，造成房地产库存量积压；若供小于求则表现为房地产销售面积大于房地产施工面积，造成房地产库存量减少，甚至无库存的局面，故房地产非均衡状态直观的表现在房地产库存量上。

第三节　房地产市场的运行规律

一、房地产市场的周期

从本质上讲，房地产业的发展是由整体经济的发展决定的。从一个较长的历史时期来看，社会经济的发展体现为周期性的运动。相应地，房地产业的发展也存在周期性。

（一）房地产周期的定义与类型

了解房地产周期的定义与类型，有助于分析房地产周期波动的复杂性与动态性。大体而言，房地产周期指的是随着时间的推移重复出现扩张和紧缩的状态交替过程，即实际增长趋势线与均衡增长趋势线会出现一个震荡波动的偏差，通常分为复苏与上升、繁荣，危机与衰退、萧条，四个循环承接的阶段，类似于一个向右上方演进的正弦波。

实际上，房地产周期的正式定义来自英国皇家特许测量师学会于 1994 年提出的“房地产总收益率的重复发生但不规律的波动”。随后逐渐出现了以正弦波定义的房地产周期，根据频率、波峰和波谷等特质区分为不同的周期阶段。

房地产周期的类型则与经济周期类似，可从不同角度分为几种不同的类型，具体如下。

一种是基于房地产发展演变的周期轨迹，分为古典周期和增长周期。古典周期指的是房地产周期有规律地出现绝对水平意义上的上升和下降（波谷时为负值），交替循环演变。增长周期则是相对水平意义上的上升与下降（波谷时为正值），一般来看，现代的房地产周期均为增长周期。

另一种是按照周期波动时长划分为基钦周期、朱格拉周期和库兹涅茨周期。基钦周期是短周期，平均波动时长约为 40 个月。朱格拉周期属于中周期，一般时长为 8 ～ 10 年。库兹涅茨周期属于长周期，波动长度可达 25 年。

还有一种比较常见的是按照波动的剧烈程度划分为三类，即温和型、适度型和剧烈型。

（二）房地产周期的测度与特征

房地产周期波动是市场发展过程中的固有现象，对房地产周期的准确度量可以有效帮助理解房地产市场运行状况，诸多学者从多个视角描述了房地产周期的波动方式。对于房地产周期的研究最早可以追溯到芝加哥土地市场分析和格拉斯哥建筑周期分析。随着时间的推移，房地产周期的度量逐渐扩展到了更广泛的经济背景下，但对于房地产周期的界定始终没有统一的定论。

综合来讲，普遍关注的是如何描述时间序列中长期趋势的分离，其测度方法有移动平均法、回归分析法以及使用率较高的 HP 滤波法、BP 滤波法等。其中，HP 滤波法可有效分离时间序列中的周期成分和增长成分，因此广受学者青睐。

外国学者对此研究得较早，穆勒和洛波绍采用住房空置率作为划分房地产周期的指标。一些学者同时采用不同领域或不同性质的房地产相关变量度量房地产周期，并认为这些变量表现出不同的周期波动特征。杰德维克斯等结合 HP 滤波法与 ARCH 模型计算英国房地产租赁价值指数的波动率，借以表征英国的房地产周期，结果发现英国的平均房地产周期约为8年。

国内的研究主要是从20世纪末21世纪初开始的，何国钊等利用景气循环法和扩散指数法基于商品房价格指数等八个指标计算并分析了中国的房地产周期，研究发现中国房地产经济存在明显的周期性波动特征，并从宏观经济运行的角度探讨了房地产周期波动的成因及其与经济周期的先行滞后关系。

“房地产周期波动研究”课题组通过构建房地产合成增长率指数发现1981—2002年中国房地产发展经历了4个周期。张晓晶和孙涛通过对房地产投资变动情况的划分来衡量中国的房地产周期，发现中国实际贷款利率与房地产投资同向变动，并进一步探索了房地产周期对金融稳定的影响。

上述文献较早地注意到中国房地产市场存在周期波动特征，但对周期的识别和划分尚处于某个指数变化的直观考察上，缺乏时间序列与统计工具应用的深层分析。在后期的研究发展中，谱分析和滤波分析逐渐被运用到周期识别中。例如，徐国祥和王芳将国房景气指数作为代理指标，结合加窗平均周期谱图法多次分辨考察了中国的房地产周期，发现中国房地产市场存在为期36个月和27个月双重周期波动叠加的特征。

郭娜和梁琪基于随机游走滤波探究了影响我国房产周期运行的因素及其与金融稳定的关系，发现房产市场周期波动与银行信贷周期之间存在密切联系。阮连法和包洪洁采用经验模态分解方法发现杭州商品住宅市场存在3年的长周期与14个月和7个月的短周期叠加特征。

关于房地产周期的研究始终颇具热度，近年来逐渐转向房地产和金融两大市场的关联动态研究，但准确测度房地产周期仍是各类相关研究得以开展的必经过程。何青等基于一个动态随机一般均衡模型，深入探究了我国房产市场与经济波动的关系，研究发现房产与借贷约束的相互作用关系是驱动房地产周期波动的重要成因，放大了各种经济冲击对房产市场和金融市场的影响，是驱动周期波动的要因。陈创练和戴明晓基于时变参数模型分析了货币剩余、利率、杠杆周期与房地产价格波动之间的联系。张品一基于房地产景气指数的周期成分构建了马尔可夫区制转移模型，发现中国房地产市场具有非线性周期波动特征，房地产周期长扩张和短收缩两种状态交替出现。

（三）房地产市场的自然周期和投资周期

房地产市场的自然周期和投资周期是相互联系和相互影响的，投资周期在第一阶段和第二阶段初期滞后于市场自然周期的变化，在其他阶段则超前于市场自然周期的变化。当资本市场投资可以获得满意的投资回报时，投资者拟投入房地产市场的资本就需要高于一般水平的投资回报，使资本流向房地产市场的时机滞后于房地产市场自然周期的变化，导致房地产市场价格下降，经过一段时间后，房地产市场上的空置率也开始下降。

二、房地产市场中的泡沫与过热

（一）房地产泡沫

1. 房地产泡沫的含义

（1）泡沫含义

早在 16 世纪中期，荷兰发生了第一次人类有记载的金融泡沫——“郁金香泡沫”，当时的富人们购买郁金香不再是为了观赏，而是为了追求价格不断上涨，从中牟利。而当人们意识到这种投机行为不能创造财富，只能转移财富时，纷纷低价抛售郁金香，于是郁金香的价格迅速回落，泡沫也就此破灭。

18 世纪法国出现的类似的密西西比泡沫以及后来英国出现的南海泡沫，使得西方学者对“泡沫”这一特殊现象开始关注。1980 年以前，萨缪尔森和斯蒂格利茨对理性泡沫进行了一些开创性的研究，直到 20 世纪 80 年代，理性预期学派才比较系统规范地剖析了理性泡沫形成和运行的基本原理。

布兰查德和沃森证明了即使在投资者理性预期下，资产价格中仍然会有泡沫成分。理性泡沫是建立在交易费用低、信息完全等众多假设基础上的，这导致对资产泡沫形成原因的解释有一定的局限性，在这种情况下，非理性泡沫理论应运而生。

随着学者们研究的深入，噪音模型、正反馈模型和混沌模型等数学模型的建立，为研究非理性泡沫提供了有效的手段。

（2）房地产泡沫概念界定

房地产的基础价值一般包含土地的费用、各类税费、建材费用、人工成本以及融资成本等。所谓房地产泡沫是指以房地产为载体的资产受到过度的追捧，由理性的投资变为非理性的投机，购房者购买房地产不再是看重其居住属性，更看重的是其背后的金融属性,争相购买的行为导致房地产价格迅速攀升，当房价明显高于其基础价值并难以为继时，形成的一种虚假繁荣的现象。

由于投机导致的房价上涨，并不是由于其内在价值的支撑，而只是价格中虚拟经济的过分拔高，这种虚假的经济繁荣并不能持久。只要市场上出现某一突发事件，导致人们对于未来的预期变得迷茫、不自信，击鼓传花的价格游戏就会瞬间崩塌，价格会迅速回归到其基础价值附近，这种快速的价格回落容易将风险传递到银行乃至整个金融系统。所以房地产泡沫的存在是金融领域的一只最大的“灰犀牛”。

2. 房地产泡沫表现特征

（1）区域性

房地产作为资产的不可移动性决定了其泡沫的区域性。房地产的价格一般会受到地区、地段、性质、朝向等多种因素的影响，呈现明显的差异化。经济发达地区由于人口密度大、资源丰富，其房地产往往成为众人追逐的优质资产，易成为哄抬价格的对象；而偏远地区由于交通不便，优质学区、商圈较少，房地产往往难以销售，不太容易成为炒作的对象。

（2）短时期内成为市场追捧对象

泡沫经济一般都是由大众狂热追捧而导致的价格攀升，使得现实价格与基础价值之间形成巨大的差值，这个差额就是靠非理性的投机累积的虚拟经济。

由于市场总是在逐利的，所以当房地产成为一种投机商品的时候，短时间内容易引发市场参与者哄抬价格，同时开发商一时间会加大对于房地产的投入，房地产市场在供需两端都会异常活跃。

（3）价格持续上涨预期

市场参与者对房地产价格能够持续攀升的信念和预期是房地产泡沫形成和壮大的重要原因。

（4）大量消费者广泛参与

由于在泡沫形成初期，早期进入市场的人一般会取得不错的收益，在从众心理和逐利心理的驱使下，这一示范效应会促使越来越多的人参与这个市场。大众的广泛参与以及众多不断进入市场的新人，为房地产这个庞大的市场带来了源源不断的活力和充足的资金，从而形成“蓬齐骗局”。在一轮又一轮周期性的价格上涨中，资产价格中的泡沫被众多市场参与者鼓吹得越来越大。

3. 房地产泡沫形成机制

（1）宏观形成机制

第一，居民收入提高。我国居民收入水平在稳步提高，这种收入的提高形成了房价泡沫产生的宏观基础。相比之下，我国在一些方面的社会保障政策还比较滞后，尤其是一些私营企业对职工养老、职工医疗等保障还相对较低，这会使我国居民普遍形成低消费、高储蓄的特点。

因此，百姓基于预防需求寻求财富的保值增值渠道，而股票和房地产市场则成为人们将每年增加的储蓄用于投资的最主要目标。投资股票的风险较高，而房价的持续走高使房地产成为百姓更为偏向的投资品。于是，居民收入提高带来的房价提升成为泡沫滋生的基础性原因。

第二，利率政策与信贷政策。利率与信贷政策也是需要重点关注的宏观层面的信息。对房地产开发商这个供应者来说，当销售收入大于开发投入成本时，其投资就会增加。同样地，在做出投资决定时个人也会关注利率。

首先，在需求方面。近几年来，考虑到商品房难以承担的价格，多数人群会选择抵押贷款的方式购买房屋。具体地说，利率上升将使人们的房地产抵押贷款利率提高，从而导致个人房贷月偿还额大幅增加，可能无法偿还每月债务。因此利率偏高的时候，大多数人会选择性抑制投资需求。

随着利率下降，人们用银行存款来满足住房需求或投机性需求，而且利率下降还会导致投机成本降低，因此，人们会加大对房地产的投资力度，在楼市供不应求的情况下，楼市价格最终会上涨。同时，我们必须考虑机会成本问题，房屋租金、房价与利率之间存在着密切的联系，它们成为人们决策的基本指标。一般而言，贷款利率越低，购房成本就越低，这将增加需求，也即增加房价上涨预期，因而需求的加大当然会导致房价上涨。

其次是房地产供给效应。房企在进行投资决策时关注资金边际收益和利率。在某种程度上，利率变动会直接影响房企的融资成本和费用，进而间接影响市场供给。地产开发商本身就具有赢利目的，在选择投资项目时，首要考虑的是开发成本和预期收益问题，只有当收益大于成本时，地产开发商才会加大投资力度。也就是说，只有当资金收益大于利息时，房企才会将更多的精力投入市场以获取利润。

当利率较高的时候，成本相应增加，预期收益下降，最终反映出来的就是相关投资减少。在此期间，假设住房需求在房地产市场中不变，于是房价将上涨，反则反之。此外，在房地产市场中，不可避免地会有一部分投机者试图依靠买卖房屋的差价获利，当收益大于成本时，针对房地产的投资便会增加。

利率较高意味着投机成本的相应提升，因此投机者会转而购买其他产品。反之利率下降时，对投机者来说，其成本将相应降低。因此，由于预期收益增加，投机者倾向于减少目前持有的房屋的销售，选择等到房屋价值上升之后再出售，此时，假设需求不变，供给的下降将会抬升房价。

众所周知，银行通过增加或减少贷款的数量来发挥影响经济的作用。当国家实施扩张性货币政策时，普通民众和房企都能更容易地融资，融资成本的降低必然会在各类投资者的行动中表现为消费的增加。相反如果实施的是紧缩性的货币政策，各方面的投资消费会相应减少。

另外，信息不对称的存在，使房地产投资某些方面取决于企业净资产，而反映净资产的最佳方法是通过资产负债渠道。一般而言，净资产占比可以说明企业抵押物的价值，如果存在抵押物不足的情况，一方面，房企的贷款需求会相应降低，另一方面，银行的贷款意愿也会基于相应风险考量而降低。因此，在一定情况下，受到利率与信贷政策的影响，市场将容易形成泡沫。

第三，土地制度。土地作为人民生产生活的基础性要素之一，其重要性不言而喻，根据《中华人民共和国宪法》的规定，我国城镇实行土地国有制度，农村用地实行集体所有制。

国家掌握着土地的归属，地方政府是土地的经营方，土地出让金成为地方政府的重要收入来源，我国的房地产市场就是在这样的特殊背景下建立起来的。政府制定的土拍政策和土地出让价格，将直接体现在房价上，所以部分地方政府为了政绩，任由土地价格上涨，对于土地价格的调控和监管的不力间接造成了泡沫的产生。

第四，财税体制。中国分税制改革后，各级政府的职能和事权没有减少，造成地方政府的财政紧张。在地方政府有限的收入来源下，由于地方政府拥有土地垄断定价权，随着房地产市场升温，土地有偿转让取得的收入成为地方政府的重要收入来源，更有“第二财政”之称。

稀缺性作为土地重要的经济特征，决定了地方政府在中央的监管下不能无节制地增加土地供应量，使得地方政府只能靠提高单位面积的土地出让金来增加地方收入。在土地价格和房地产价格紧密相关的背景下，部分地方政府缺少解决房地产泡沫的动力，这就直接导致政府对于房地产市场参与者监管要求的放松。

第五，房屋供求结构政策。在深化房地产改革的道路上，廉租住房和经济适用房等手段一直以来没有充分发挥作用，一些政府没有承担起为中低收入家庭提供住房保障的职责，并将问题推给了市场，这部分家庭对于商品房的需求与日俱增，催生了房地产泡沫的滋长。

然而中国房地产市场存在着严重的供需结构失衡，基于现实国情，广大家庭急需的是价格合理、面积适中的刚需房，但由于高端定位的房地产商品所带来的利润明显高于小户型，开发商为了盈利最大化，存在着开发高端大户型的倾向，这种现象压缩了小户型的开发面积，房地产的供给不平衡促使市场形成对于房价上涨的预期，间接导致房地产泡沫的形成。

（2）微观形成机制

第一，投机需求推动。由于近年来通货膨胀严重，货币贬值，人们对于投资的需求愈发强烈，投机者并不在乎资产的实际价值，只希望通过价格的波动赚取差价。

当房价处于上行过程中，市场上的大多投机者将房地产锁定为自己的投机方向，这种合力会在短时间内推高房地产价格，拉动更多投机者进入房地产市场，从而造成房价的进一步上涨。这种投机行为周而复始，当房价严重脱离基础价值的时候，泡沫最终会破灭。这种投机行为往往和融资结合才能赚取更高利润，房地产价格一旦下降，极易造成投机者的集体性恐慌和金融系统的不稳定。

第二，预期与正反馈行为。一方面，在房价上涨的过程中，市场上的参与主体受周围环境影响而有着相同的市场预期，使得多数家庭的资产组合大致相同。一般的商品购买需求会随着价格的攀升而逐渐下降，但房地产被人们视作投资产品，希望在其价格攀升的过程中获得收益，所以期望反而会随着价格的提升而增大。另一方面，当房价的走势与预期相同，形成正相关态势，会激发下一轮的购买，从而给予房地产市场正反馈，如此往复，造成泡沫的累计扩大。

4. 房地产泡沫破灭机制

（1）投资者预期逆转

市场参与者对未来房地产市场的乐观预期是房地产泡沫的重要诱因之一，但当房地产价格持续上涨到一定程度，购房者对未来的收益预期降低，就会减少对于房地产的投资。如果房价下跌，市场上普遍存在相同的悲观情绪，更多的投机者会纷纷抛售手上的房地产，短时间内会造成市场供大于求，买方市场则更多会采取持币观望的态度，房地产市场交易量会快速下跌，进一步加速房地产泡沫的破灭。

（2）市场环境改变

由于市场上的资金总是流向收益更高的地方，当股票、基金等其他领域的投资回报率明显高于房地产的时候，许多市场参与者会改变资产组合结构，跟风把资金从楼市抽出，投入股市之中去。房地产市场缺少资金的支撑，房价会迅速下跌，从而导致泡沫的快速破灭。

（3）政府过度调控

房地产是国民经济的重要支柱产业，政府对于房地产市场调控一直保持谨慎的态度，一般不会轻易过度调控。但当房地产价格上升速度过快，严重影响到居民的正常住房需求，且给整个金融系统带来极大风险时，政府会出台限售、限贷等严厉措施，对房地产市场进行干预。当这些政策触及投机者的利益时，会促使投机者将资金加速撤出房地产市场，房地产市场恢复理性，泡沫会随即破灭。

5. 房地产泡沫带来的危害

（1）增加金融风险

房地产市场的扩张和金融信贷的支持密不可分。房地产业处于上行通道的时候，伴随着投机者一起进入市场的是其携带的大量金融贷款，银行为了获取更大利润，往往会提高贷款利率，而深处房地产价格快速上涨市场中的民众通常不关心贷款背后的风险。然而一旦政策收紧，预期转向，没有更多资金进入房地产市场，泡沫破灭，大量房地产价格会应声下跌，很多投机者无法偿还背负的高负债，只能选择断贷，房地产可能会被银行收走抵押。由于房价下跌，资产缩水，抵押房地产可能也无法偿还债务，从而导致整个金融系统的不稳定。

（2）降低资源配置效率

房地产业是资金密集型行业，每年大量投资资金会流入房地产市场，在市场上投资资金总量一定的情况下，势必会对其他行业的发展产生较大的影响。我们国家正在进行产业结构改革，新能源、半导体等新兴行业的发展离不开大量资金的支持，房地产泡沫毫无疑问会严重影响这些企业的发展，对产业结构调整不可避免地产生阻碍。房地产泡沫破灭后，人们才能看清虚假繁荣背后资源分配的不均衡对市场的危害。

（3）社会分配不公

随着泡沫的产生，投机者在市场不断买入卖出，从中盈利，大量资金被早期进入市场的投机者瓜分走，房地产价格被炒得很高，严重影响了普通居民的住房需求。刚需购房者以很高的价位购买房屋，在市场中处于被动地位，常常背负巨额债务，导致贫富差距随着房地产泡沫的扩张而增大。普通居民抗风险能力差，房地产泡沫破灭引发的金融动荡会给家庭带来沉重打击。

6. 房地产泡沫的测度方法

（1）指标体系法

指标体系法是指通过选取与商品房价格有关的市场数据，定量分析房地产市场的发展情况。通过筛选，组建一个能够密切反映房价涨跌的指标体系，再通过确定临界值，衡量是否存在泡沫，这一方法的依据是房地产的理论价值是基于实体经济的。所构建的指标体系可以是单一的指标分析，同时也可以通过模型进行数据整合分析。指标体系法的特点主要是计算简单、数据易得，但是测度结果偏差较大，比较片面，在目前房地产泡沫的研究领域中，指标体系法已经成为基础方法之一。国际上，通常选取的指标包括房价收入比、房屋空置率、商品房施工面积 / 商品房竣工面积等。

结合行业发展状况，利用指标体系法，选取商品房建设投资额增长率 /GDP 增长率、商品房建设投资额 / 社会固定资产投资额、商品房施工面积 / 商品房竣工面积、房屋空置率、房价增长率 /GDP 增长率、房价收入比、房地产贷款总额增长率 / 银行贷款总额增长率 7 个指标对房地产泡沫进行测度分析。同时利用综合指数法，对以上 7 个指标进行无量纲化处理，整合分析房地产市场泡沫的情况。

（2）统计检验法

统计检验法是基于分析商品房价格波动的原理，测度泡沫大小的常用方法。统计检验法又分为直接检验法和间接检验法。文献中关于间接检验法的方法主要有单位根和协整检验法、设定性检验法。当房地产行业健康平稳发展时，市场上是不存在泡沫的，商品房的价格涨跌也会有规律，通过直接检验法即可找到价格变化的规律。但是当市场中有泡沫时，价格变化失常，无法找到变化的规律。所以在有泡沫时，一般是通过间接检验法来测度泡沫程度。

第一，单位根和协整检验法。单位根和协整检验于 1986 年第一次由哈密顿用于验证房地产的泡沫程度。单位根用来验证房地产市场价格是否与理论价格一致，如果一致，则说明无泡沫，如果不一致，则说明市场中存在泡沫。协整检验则是验证房地产价格波动的趋势是否与理论预估一致，若一致，则说明市场中无泡沫，若不一致，则说明市场中已出现泡沫，其中偏差越大，说明泡沫程度越严重。单一使用一种方法验证会造成结果不够精准，一般将两个方法结合使用，互相印证，测算结果会相对完善。

第二，设定性检验法。豪斯玛首次构建了两个不同的预测方式，用于确认选取的模型是否合适。韦斯特在此基础上建立了两组预测股价的公式，这种方法最开始是用来检测股票市场的泡沫情况，后期被应用到房地产市场。

（3）理论价格法

理论价格法是指先建立模型计算出房价的理论价格，再与市场的实际价格做对比，实际价格偏离理论价值部分即为房地产泡沫大小。理论价格法还可细分为市场供求法和边际收益法。

第一，市场供求法。市场供求法是以供需均衡理论为依据，在众多相关数据中提取出对供求有直接影响的因素，建立指标体系，通过计量模型，计算出商品房的理论价格。然后与市场中的实际房价做比较，从而判断房地产市场是否存在泡沫。

第二，边际收益法。叶卫平和王雪峰认为实际房价与计算出的理论价格的偏离程度就是泡沫的大小，但在研究中，很难计算商品房的理论价格。在以往研究理论价格过程中，一般采用构建计量模型测算出商品房的最高及最低理论价格，当商品房实际价格介于此区间时，行业内没有泡沫；当商品房价格比理论价格低时，行业内存在负泡沫；当商品房价格高于理论价格时，行业内则存在正泡沫。

房地产泡沫的测度方法各有优缺点。指标体系法操作简单，指标体系的选取及临界值的选取存在的不确定性很大，而且仅能验证泡沫是否存在及泡沫的程度，无法计算出泡沫的具体大小。统计检验法对指标的选取较严谨，而且计算结果比较客观，但是计算过程较烦琐，依然不能计算泡沫的大小。理论价格法与泡沫的含义最接近，但是计算理论价格的模型构建及指标选取非常严谨。

7. 房地产泡沫影响因素评价方法

（1）逐步回归法

经过对文献的梳理与学习，了解到，国内外学者大多只是理论上对影响商品房价格的因素做过简单的阐述，但对影响房地产泡沫的因素定量研究得较少。为了进一步研究其显著影响因素，可以采用逐步回归法，选取人均收入、商品房供给面积、地价等七个因素构建指标体系，从数据的角度说明影响房价最显著的因素。

基于相关数据，利用逐步回归模型，建立房价的拟合方程，得出多个变量中对房价影响最显著的因素是人均可支配收入和人口数量。最后结合实证结果，提出要稳定房地产市场，应做好城区规划，合理利用土地资源，缓解主城区的人口压力等建议。

（2）因子分析法

因子分析法对单项指标进行综合，综合分析各因子之间的内部关系，提取相应的主成分因子，然后利用各因子的累计贡献率计算权重，从而计算出泡沫大小。综合来说，因子分析法是我国学者目前研究房地产泡沫使用的主要研究方法，因为不仅数据相对易得，而且可以较客观地计算出各指标的权重，因此能够比较客观地得出泡沫的大小。

因子分析法的原则是选择能够反映商品房价格高低的指标，再经过检验以及数据处理后得到房地产泡沫水平。并且这些指标也能客观体现房价偏离基础价值的情况，进而通过因子的综合得分体现泡沫的水平。

（二）房地产市场过热

房地产市场中的过度开发有时也称为房地产“过热”，是指当市场上的需求增长赶不上新增供给增长的速度时，所出现的空置率上升、物业价格和租金下降的情况。

1. 房地产市场过热的原因

房地产泡沫主要是指房地产价格与基准价格大相径庭，反映了房地产市场经济的不平衡。通过分析房地产市场发展状况可以得出，中国房地产市场发展过热，容易造成泡沫的产生与积累。这里结合国内外相关文献，总结了造成这种过热状态的主要原因。

（1）土地资源稀缺

土地是人类生产活动的主要载体，但可利用的土地资源极为有限。在土地供给稀少的情况下，我国各类经济活动对于土地的需求量却越来越大，当土地供给满足不了日益增长的需求量时，土地价格必然上涨，从而给人以乐观预期，越是优质的土地资源越易引起实际价格偏离基础价值。土地价格是房地产价格的重要组成部分，土地价格上涨必然会引发房地产价格上涨。房地产价格飙升至一定高度时，无疑会给房地产市场带来泡沫滋生的安全隐患。

（2）人均可支配收入增多

随着经济的快速发展，人均可支配收入逐年提高。因而中高收入群体在满足刚性住房需求之后，会选择购买改善型住房和投资型房源,投机和需求增多势必导致房地产价格逐渐上涨，使得低收入群体更加无力支付高昂房价。一些团体拥有多个房屋，而另一些团体则无力购买房屋，从而导致严重的资源分配不均和房地产市场分化。这些情况无疑给房地产市场积累泡沫创造了条件。

（3）金融机构信贷支持

众所周知，房地产业是一个资金密集型行业，房地产市场开发周期长且需要大量流动资金，因而过多依赖银行等金融机构的信贷支持。银行对于房地产市场的信贷支持，一是房企的开发贷款，二是业主的购房贷款。银行等信贷机构的资金大量流入房地产市场得益于人民币较低的贷款利率，导致房地产市场融资速度快速提高，投机者购房的资金受到支持，最终衍生为房价飙升，助长泡沫积累。

（4）人口众多

我国是全世界拥有人口数量最多的发展中国家。我国人口基数庞大且农村人口逐渐转移至城市发展，我国的社会结构也在逐渐发生改变。大量人口涌入城市，一方面有经济基础的流入人口定居新城市，基于需求购买住房，另一方面，城市原有人口基于房价预期，通过买卖投资性住房获取利润，导致房地产市场需求量增加，房价一路飙升，为房地产市场泡沫产生提供了平台。

（5）过度投机行为

投机行为是指一件商品在短时间内被反复买卖，通过价格差获取利润的行为。投机者并不会长期持有此类商品，更不会关注商品本身的消费价值，而仅关注其在短时间内的价格变化，即买进卖出谋求利润。投机行为的出现往往给房地产市场的真实需求带来虚假现象，从而导致非理性人群盲目跟从，对房地产商品进行投资。

合理而适度的投机可以在一定程度上增加房地产市场活跃度，促进经济的发展，然而过度盲从的投机，会给房地产价格带来巨大推动力。再加上在经济快速发展的时代下，人们通常对房地产价格的乐观上涨抱有共识，在房地产市场供给有限的情况下，房地产商品需求增加，价格就会飞速上涨。因此能够吸引更多投机炒房者，引发市场过热，进而导致泡沫危机。

2. 房地产市场过热的危害

纵观历史泡沫事件，泡沫的破裂会给国家乃至全球的经济发展带来重大打击，房地产泡沫也同样如此。适度的泡沫会一定程度上活跃房地产市场，一旦泡沫膨胀过度，则会面临破裂的危险，给国家带来严重危害。房地产市场发展过热，若不加以控制，容易造成泡沫的滋生，产生以下危害。

（1）对社会资源配置的影响

房地产市场出现轻微泡沫时，持续走高的房价会给房地产开发商和投资者带来乐观的看涨预期。为获得更高收益，人们将目光瞄向房地产市场，房地产市场将更多的资金收入囊中，导致社会资源配置不平衡。

地价房价的进一步上涨吸引着投资者盲目追求利益最大化，而忽略了商品的实际使用价值。这种情况下，社会资源和土地资源的合理利用率极低，不利于社会资源有效配置，影响房地产市场持续健康发展。与此同时，房地产市场若过渡集中资金与资源，会引发实体经济滋生融资困难等问题，限制实体经济的发展，甚至会导致整个社会结构呈现畸形化发展态势。

（2）对金融系统的影响

房地产泡沫引发了历史上的许多金融危机，众所周知，房地产业是一个资金密集型行业，房地产开发资金一半以上来自银行信贷机构的支持。在房地产市场发展火热的状态下，银行对于房地产开发贷款持宽松政策。

信贷机构的资金支持，使得开发商和投资者纷纷将目光投向房地产市场。伴随着房地产泡沫的逐渐积累，泡沫一旦破裂，首受重创的就是银行等信贷机构，房地产贷款资金不能及时回笼，出现坏账、呆账等资金周转困难问题，进而面临破产危机，银行信誉也受到质疑，引起一系列连锁反应，甚至引发金融危机。

（3）对地区竞争力的影响

一个地区房地产泡沫的滋生使得其他实体经济的发展受到限制，劳动生产率下降，而居住、商业活动和社会服务成本的上升，往往迫使支付困难的人口转移到生活压力小的地区谋生。同时高昂的房价和高发展成本使得想去大城市发展的人群望而却步，影响优秀人才的吸引，阻碍地区高质量发展，进一步影响外来资金的投入，削弱城市吸引力，进而错失众多有利的发展机会。

（4）对居民幸福感和社会长治久安的影响

房地产价格虚高、泡沫存在时期，中低收入水平的消费群体承受着巨大的购买和还贷压力，甚至三代人一起省吃俭用节省开支。部分群体为了能够拥有一套属于自己的住房，感受家的归属感，四处借钱买房，导致生活压力进一步加大。另一部分处在攒钱买房时期的群体，面对疯涨的房价望而却步，更加无力承受房子的巨大支出，心理承受巨大压力，这些情况都大大降低了我国居民的幸福指数。

房地产泡沫持续高涨，终有一天会回归其本身的实际价值，此时泡沫一旦破裂，投机炒房团手里将囤压大量优质房源，利益将遭受巨大损失，社会经济发展受阻，工厂倒闭，下岗失业人数骤增，社会发展水平不平衡，容易激起社会矛盾，影响国家的长治久安。

（三）房地产泡沫和过热的区别与联系

1. 房地产泡沫和过热的区别

第一，过热和泡沫是反映两个不同层面的市场指标。过热反映市场上的供求关系，当新增供给的增长速度超过需求的增长速度时，过热现象就产生了；而泡沫则反映市场价格和实际价值之间的关系，如果市场价格偏离实际价值太远，而且这种偏离是由于过度投机导致的，房地产泡沫就出现了。

第二，过热和泡沫在严重程度和危害性方面不同。房地产泡沫比过热的严重程度更高，危害更大，属于房地产市场不正常的大起大落。房地产泡沫一旦产生，就很难通过自我调整而回复至平衡状态。

2. 房地产泡沫和过热的联系

房地产泡沫和过热，都用来描述房地产市场中房地产实际价格对房地产基本市场价值的偏离，是房地产价格中非基本价格的不同程度的体现，这是两者的共同点。“过热”不一定就产生泡沫，但“过热”是市场产生“泡沫”的前提，也是诱因之一。

如果在房地产周期循环的上升阶段，投机性行为没有得到有效抑制（包括市场规则和政府政策），市场信息的不透明程度较高，且开发商的财务杠杆也比较高，那么开发商做出非理性预期的可能性就比较大，且投机性行为容易迅速蔓延，在这种情况下房地产泡沫比较容易产生，同时会伴随过热、银行资产过多地向房地产行业集中等现象。

第三章　房地产开发项目的相关介绍

房地产开发项目的策划是房地产企业进行项目开发的首要任务，优秀的房地产开发项目策划能够提升房地产项目的价值，促进市场销售，提升企业品牌，创造经济与社会效益。本章分为房地产开发项目的概念和特点、房地产开发项目的可行性分析、房地产开发项目的定位与策划三个部分。主要包括房地产开发项目的概念、可行性分析的概念和作用、房地产开发项目可行性分析相关研究等内容。

第一节　房地产开发项目的概念和特点

一、房地产开发项目的概念

一般说来，企业项目带有很强的主题性、目的性，需要企业决策层来确定是否实施项目以及项目实施的具体工作内容。项目不仅目标明确，且其所能调动和使用的资源以及时间都是一定的，只有在计划和规定的要求内达成项目目标，项目实施才算成功。因此，一个项目，不论大小，都需要进行严格的管控，包括启动、计划、组织、指挥、协调、控制以及实施完成后的评价反馈等全流程。

房地产开发项目则是一个更为具象和细化的类别，首先明确了项目的核心业务和产品——“房地产”，其次“开发”表明该项目的产品还未成型。因此，为了更好地生产出相关的产品，则可以采用项目的形式进行统一的管理和运营。

二、房地产开发项目的特点

①空间稳定。建筑产品的位置是固定的，空间是固定的。与工业产品不同的是，工业产品流动性很大，可根据当地需求和价格，进行销售。房地产一律不能运输，具有固定性，固定的售楼处更适合交易。

②投资大。房地产开发项目，从购置土地到出售、租赁和融资，规模小的项目可能耗资数百万，而大型项目可能不得不花费更多的资金。大量的资金投入使公司发展可能面临通货膨胀的风险。

③发展周期长。从项目投资决策的最初阶段开始，房地产开发项目将分几个阶段进行，即可行性研究、土地购置、前期准备、建造、销售、租赁等。发展周期越长，社会环境、经济状况和相关政策发生变化的可能性就越大，投资决策早期阶段使用的数据被扭曲的程度就越大，项目风险更大，尤其是收入与支出之间的偏差。投资与收入总的来说，所有支出和收入都是根据预算的平均水平预测的。

④项目的区域差异。房地产开发项目的区域差异很大，整个项目的商品价格和利润率都与该地区有关。在经济发展水平高的区域，对公共住房需求的增加，以及随之而来的价格上涨

等都造成了住房市场的不稳定。国家政策方面，地方政府不一样，政策不一样。房地产部门的政策比较严格，如限制购买，限制价格，提高销售条件，限制银行贷款等。政策绿灯有助于房地产部门的发展，这反过来又刺激了国内生产总值的增长。因此，当地的社会经济水平和建筑政策会影响房地产开发公司面临的风险。

⑤涉及多个方面和环节。房地产开发项目涉及多个单位。项目组织者和项目开发商将协调项目小组、施工小组、监督小组和参与施工的其他单位，并与这些单位建立联系。同时，要处理好与政府单位的相关关系。如果一方面考虑不周全，会给项目的开发带来风险。因此房地产开发项目的不可预测性涉及整个开发过程，各种各样的问题都会出现。这些不确定的风险因素可能直接影响项目效益。

总之，房地产开发项目的特点决定了其具有极大的不确定性，在整个开发过程中存在着许多不确定性因素。如何提前发现、识别、分析、评价这些风险因素，并防范其带来的损失成为现代房地产开发企业面临的一大难题。

策划就是筹划或谋划，是一项立足现实、面向未来的活动。它是根据现实的各种情况与信息，判断事物变化的趋势，围绕某一项活动的特定目标，全面构思、设计、选择合理可行的行动方式，从而形成正确决策和高效工作的过程。

策划是为了实现特定的项目发展目标，在充分获取相关有价值信息的基础上，借助一定的科学思维方法，对项目的未来发展方向进行判断，为项目的决策、执行而构思、设计、制作工作方案的过程。

策划的内涵包括如下几个方面：策划具有很强的目的性；策划是指在充分获取相关有价值信息的现实基础上进行谋划；策划具有多方案比选的特点，提供最佳的项目市场定位；策划具有一定的前瞻性和创新性；策划应当借助科学的思维方法，并符合科学的工作程序。

第二节　房地产开发项目的可行性

一、可行性分析的概念和作用

（一）可行性分析的概念

房地产开发项目的可行性分析是指，在对项目进行决策及投资之前，将会运用多方面的数据及事实对该工程项目在政策环境、项目前景等方面是否可行进行充分论证，在财务估算下对该项目是否能够盈利，以及对可能存在的各项风险进行预估，为该项目的决策、投资及运营提供科学依据。项目可行性分析工作一般包含如下几个基本程序。

①项目所在地的调研工作。在了解项目投资者的投资意向后，首先要对项目所在地的相关资料进行收集，包括从项目基本情况、地理区位、市场环境、市场需求等方面入手。

②对项目财务数据进行估算。主要针对项目的投资开发成本、建筑安装成本、可供出售房屋的销售收入及与经营活动相关的税费等进行估算。

③对项目主要财务指标进行分析。对经营状况进行分析，并对利润做出预估，从而分析房地产开发项目的盈利能力和盈

亏平衡点，进而衡量项目是否可行。

④分析项目存在的风险情况。因为在进行项目可行性研究时所采用的基础数据均为估算数，所以还要把可能存在于市场上的不确定性因素和风险进行罗列，以备应对。

⑤得出项目结论并编写报告。通过对项目可行性研究的各项数据进行分析，得出项目具有投资可行性，并且能给公司带来收益，为投资者提供强有力的证明。反之，如果项目不具有投资价值，也应在报告中提出意见，让投资者谨慎考虑。

（二）可行性分析的作用

1. 为项目投资决策提供依据

一个项目的开发、建设，尤其是大中型项目，所需要的人力、物力、财力都很庞大，这不是经验和直觉可以决定的，还得看是否有市场、是否具有竞争力。对投资效益进行研究，并对其进行分析，确定该不该建，以及在施工中采用何种方法可以得到最好的结果，以便对房地产开发项目进行投资决策。

2. 为筹集建设资金提供依据

在银行和其他金融机构，都将可行性分析报告视为重要参考文件，在经过详细而全面的分析和评估之后，再决定是否发放贷款。

3. 为开发商与有关部门签订协议、合同提供依据

建筑材料、供电、供热、通信、交通等房地产开发中的诸多领域，都要与相关部门合作。这些供应协议、合同都需要在可行性分析的基础上进行磋商。

4. 为下阶段规划设计的编制提供依据

在可行性分析报告中，对项目规模、地址、建筑设计方案构思、主要设备、单项工程结构形式、配套设施及配套设施的类型、建设速度、营销方案等方面进行了详细的分析和论证，并提出了施工方案。工程可行性分析的基本目标是使工程建设科学化、民主化，从而避免投资的错误，从而提高社会、经济和环境的效益。

二、房地产开发项目可行性分析相关研究

（一）国外研究

自 20 世纪 30 年代起，可行性研究就已经被美国列入田纳西河流域的开发中去，并从中获得了巨大的投资收益。之后，各发达国家将这一方法不断补充和完善，同时应用于各个行业的发展。随着第四次工业革命的到来，可行性研究已经逐步成熟，成为全世界各个国家进行项目投资决策前期一项重要的工作步骤。

可行性研究理论的发展大概经历了四个阶段。第一阶段是可行性研究的兴起，西方国家大约 20 世纪 50 年代以前就使用可行性研究进行项目评价，从现在来看，那时的内容主要是收支对比，采用比较简单的财务评价方式。第二阶段是 20 世纪 60 年代，该时期可行性分析应用得更为广泛，内容也更加丰富，从微观财务评价变成了从微观财务到宏观效益的双重分析。第三阶段是 20 世纪 70 年代到 80 年代之间，美国的经济活动更为频繁，扩散至全球，经济管理、项目管理、金融服务也开始渗透到各行各业，项目可行性研究也跳出投资建设领域，成为

投资项目前模拟资金运作过程的必要工作，因此可行性研究框架独立发展成为一个系统的管理理论和工具。第四阶段是 20 世纪 80 年代以后，随着西方管理学科在全球延伸兴旺，可行性研究广泛应用到多种类型的行业项目中，其中的评价指标也越来越明确而清晰，许多学者详细补充了可行性研究中的不确定性和风险性研究。

1. 房地产开发项目可行性分析理论框架构建的研究

罗伯特·艾克尔斯提出单变量财务综合评价模型，强调不能仅在财务数据中寻找业务绩效的主要指标，应该改变公司的绩效衡量系统，用来衡量非财务指标并提高企业的竞争能力。只有建立更先进的数据库才能使该系统在经济活动中可能被使用。罗伯特和艾伦提出了一个房地产行业评估系统的框架模型，该模型通过衡量贷款收益来评估项目质量，也能通过限制资金的使用来减少违约而造成的资产损失。多芬和阿伦从项目前期规划、施工中的技术规范以及项目管理程序这三个方面分析了项目计划与项目盈利之间的关系，他们认为项目施工的过程对最后的结果改变得不大，主要是前期的规划和对项目的管理极为重要。古因认为，项目实施过程中的不确定性因素的存在，使得后期维护管理的难度得到提升。要增加对项目的整体风险管理和进行科学合理的投资决策分析，这样才能促进项目平稳发展，提升盈利能力。瑟沃特通过研究认为，房地产开发项目的成本和利润管理中，消费者需求是不可忽视的部分。迎合市场上有购买住房需求的消费者的需求能加速资金回笼。这些需求中，房屋的质量和地理位置是至关重要的。丽塔·沙尔玛认为，各种因素的产生使得开发商未能在合同截止日期内完工的情况屡见不鲜，而如何有效避免这类延误情况的发生是大家讨论的重点。在可行性研究初期对可能发生的问题进行预测，避免变量的产生能最大程度地减少延误的风险。查普尔和艾利斯通过研究认为，房地产开发项目的基础配套设施也是不可或缺的，最优的基础配套设施位置应该是消费者通过步行就能轻易抵达的位置。如何确认最优位置，是需要对人体结构和建筑环境进行综合研究的。

2. 房地产开发项目可行性分析成本利润关系的研究

李泰素认为，在项目的可行性研究中，减少土地和建筑成本是非常重要的事情。在住宅和商业地产中建筑成本对收益率的影响微乎其微，主要是单位土地面积的成本对收益率影响最大。李大伟通过研究认为，分析项目的投融资情况能很好地预测项目绩效，并且项目的投融资情况能对国民经济和房地产行业产生重大影响。比利和布朗特曼从寻求税收减免和尽可能降低税负等方面分析了降低相关成本来提升项目盈利的方式，认为这个方式虽然不足以使整个房地产行业产生改变，但是为系统性降低项目成本提供了一个新的思路。文克瓦认为，应该建立更加系统的财务监控系统来帮助可行性研究的实施，为了实现特定的盈利目标，要使用更加科学的和专业化的优化模型系统。

（二）国内研究

我们国家的可行性分析工作相较于其他国家来说，起步较晚。主要经历了三个发展阶段。20 世纪中期，我国颁布的建筑条例规定了对项目的可行性分析以静态分析法为主，虽然没有从资金的时间价值方面进行分析，但也为研究提供了基本的理论指导。20 世纪末颁布的建筑条例明确了在项目投资建设之前要进行可行性研究，同时还颁布了多项相关建筑条例，提出了在进行经济效益评价时可以使用的方式。21 世纪初国内才开始在全国范围内大力发展商品房，国内的房地产行业在那时才初具行业性规模。由于行业发展时间较短，国内对于房地产开发项目投资可行性研究工具的运用时间不长，发展也较慢，早期主要见其运用于房地产行业向银行贷款，并且成文和数据都不规范。研究成果中著作较少，没有专业的文献资料的指导，在目前尚未形成一套成体系的理论方法。国内房地产行业发展速度十分迅猛，而行业规范一直不完善，因此房地产开发项目的可行性分析也一直处于原有基础上。

近年来随着房地产政策不断调整，房地产行业越来越规范，项目投资前的研判也越来越重要，项目可行性研究越来越受到关注，可行性分析已变得不可或缺。

1. 房地产开发项目可行性分析理论框架构建的研究

孙灵满提出，进行项目财务可行性分析时，不仅要从单因素敏感性的基础上进行分析，还要同时进行多因素的敏感性分析，在成本测算时更需要以实际情况为主。谢逢杰认为，内部收益率法和财务净现值法在进行定量分析时应注重修正办法的计算。陈卫军、母小曼通过研究认为，房地产的投资风险综合评价指标体系，可用多因素模糊决策方式进行分析。申燕飞通过研究认为，项目可行性研究的不确定性因素分析，可以运用区间分析法进行计算。同时建立相关函数对多因素进行可靠评价，用以防范风险。张镇森、罗贞莉认为，房地产的财务评价方式与其他投资项目相比存在区别，提出了销售收入、成本费用、现金流量等一系列财务指标的估算方式以及改进方案。齐大鹏、赵杨、赵妙妙认为，房地产投资项目的财务分析部分在其投资决策活动中具有极其重要的作用。逯元娟认为，房地产投资项目的经济评价状况值得探讨，不仅要从决策层面出发，也要考虑政府机关和国家金融审批机构的意见。王善贤通过研究认为，在房地产投资项目结束后需要进行项目评价，同时为房地产开发企业全面实施项目结束后的评价工作提供系统性的参考标准和理论方法。

2. 关于房地产开发项目可行性分析成本利润关系的研究

张炳信从房地产开发项目的盈利能力、偿债能力和不确定性因素等方面构建财务评价指标体系，认为提升项目利润要从项目内部监督管理以及成本控制两方面入手。周丹认为，房地产开发项目的成本管控一直是项目在实施过程中的重要环节之一，并且贯穿整个项目施工过程，而项目最初的设计阶段能从财务层面和工程层面对成本投入和项目整体质量进行把控，从而对之后的成本控制进行合理优化。汪翔通过研究认为，项目可行性研究对项目的运作和盈利有很强的指导性作用，通过对实际项目的研究对项目开发过程中的各项指标进行估算分析，进而对实施过程中的可能产生的风险进行预判，最后为房地产开发单位提供参考意见。王珍莲通过研究认为，房地产项目融资过程中，应该不限于从金融机构吸收资金，可以引入跟投制，这样做有利于提升项目的竞争优势。李娜通过研究认为，随着我国房地产行业的发展，行业成本结构发生了很大改变，土地取得成本在成本费用组成中所占比重大幅增加。房地产企业不仅要对土地成本的分摊制定相关的制度以进行规范，国家的宏观调控也是不可或缺的一部分。

孙连涛认为，房地产开发项目从决策、设计阶段开始到施工阶段乃至最后的销售阶段需要建立健全的全阶段成本控制机制，只有始终把成本控制作为核心工作严格把关，才能确保房地产开发企业的核心竞争力能稳步提升。章泺认为多角度提升财务分析质量对完善企业管理体系非常重要。财务可行性分析可帮助管理者解决企业面临的许多实际问题。

三、房地产开发项目可行性分析的基本内容

（一）可能性分析

房地产开发项目的可能性分析要从项目的制约条件与开发建设两方面展开。项目的外部制约性有两个方面：一种是软约束，主要是固定资产投资规模和城市规划对开发项目的限制条件。企业的等级和投资实力决定了投资项目的规模，投资规模与项目规模应相匹配,过小或超大都会给开发带来不利影响。城市规划对开发项目有许多的限制和要求，比如公共设施的配套、建筑密度、建筑高度、容积率、建筑风格、建筑用途等对开发企业提出了很高的要求，这些要求限制了企业开发的随意性，不同程度地影响到开发企业的选择。另一种是硬约束，如土地、资金、建筑材料、施工力量、城市基础设施等，这些因素直接影响着开发过程和结果。在进行可行性分析时，必须充分考虑到项目开发对这些约束的承受力和突破力，否则对项目的启动、开发、建设和销售都会带来灾难性的影响。

（二）技术、经济分析

技术、经济分析是项目可行性分析中的核心部分，相对而言，经济分析又比技术分析显得重要，因为对于企业来说，利益是最重要的。在经济分析中，市场分析特别重要，市场形势的变化对项目的成本、销售价格、利润等都有直接的影响。技术对项目的约束力并不十分大，因为在现代科技条件下，不同的技术要求都可通过各种方式来达到，进行技术分析主要是考虑其实施中的经济可行性。

第三节　房地产开发项目的定位与策划

一、房地产开发项目的定位

房地产开发项目定位既是在市场调研与市场细分的基础上研究分析潜在消费者的客户定位，又是对消费者使用方式和使用心理进行分析研究的产品定位，同时还包括将产品按消费者的理解和偏好方式传达出去的形象定位。对房地产开发项目进行定位的目的是通过准确合理的定位形成项目的市场竞争优势。

（一）客户定位

目标客户群定位是一种细分市场定位。科特勒指出，细分市场的顾客具有相似的需求。细分要素涉及人口年龄、家庭结构、性别等的因素。房地产市场在进行客户群体定位的时候，常常选择的细分因素是年龄、收入、家庭结构和所在区域等，其中客户收入数据难以搜集，用客户职业表征。

房地产开发项目的客户定位要对竞争对手的客户群进行分析，还要对开发项目的客户群进行分析和定位，对比竞争对手的客户群分析和项目的到访客户群分析，预判和定位项目的主力客户群。

（二）产品定位

房地产开发项目的产品定位是在市场细分、客户需求分析以及客户群确定的基础上，对房地产开发项目的主要技术参数的确定，以及对产品效用、产品形式、产品功能的设计与创新，其最终目的是反映产品独特的市场形象。房地产产品定位的限制条件是指对产品的性质、档次、价格等起决定作用的客观和主观条件，主要包括土地、城市规划、顾客需求、资金供应、市场条件、开发商思维等方面。

（三）形象定位

形象定位主要是找到该房地产开发项目所特有、不同于竞争对手、能进行概念化描述、能通过广告表达并能为目标客户所接受而产生共鸣的特征。形象定位需要研究房地产开发项目的市场表现方式，即确定房地产开发项目从产品到商品的过程中的最佳表达方式。其要解决的问题主要有如何让消费者理解产品的内涵，如何对产品的特点进行描述和提升，如何让消费者对项目产生认同感而发生购买行为，等等。形象定位一般通过统一的广告、沙盘模型与样板房等形式来表达。

二、房地产开发项目的策划

（一）房地产开发项目策划的含义

房地产开发项目策划是指根据房地产开发项目的具体目标，以客观的市场调研为基础，优选最佳的项目市场定位，综合运用各种策划手段，按一定的程序对房地产开发项目进行创造性的构思，并将具有可操作性的策划文本作为结果的活动。

要进行房地产开发项目策划，一是要有清晰的策划目标；二是要进行市场调查；三是对项目的市场定位进行优化；四是要充分利用多种策划方法和创新性思维；五是要按照一定的科学步骤进行；六是必须提供具有可操作性的方案。

（二）房地产开发项目策划的作用

房地产开发项目的策划是贯穿于上述三个基本定位之中的开发哲学，是开发项目倡导的房地产居住生活理念。具体来说，房地产开发项目的策划就是指开发商（或策划人）对拟建项目提出的一种独特的概念和意图，一种贯穿整个项目的精神和思想,也是一种可以为人们切实感知的生活方式和居住理念，它体现了项目开发的总体指导思想。

策划可以为房地产开发项目带来一种所倡导的生活态度，引导人们的居住哲学，促进房地产市场的繁荣和健康发展。其作用主要体现在以下几个方面。

①项目开发运作的总体指导思想。房地产开发项目的主题策划，是整个项目开发运作的指导思想。无论是规划设计、建筑材料，还是营销策划、物业管理等均应从各个不同角度对其

进行表达，与之相呼应，并诠释这一主题。围绕项目主题这一核心，能够大大丰富房地产开发项目的精神内涵。

②体现出项目产品的价值。项目主题是一种资源，是一种可以为人们切实感知到的生活方式和居住理念。新颖、独特的主题概念的引入能显著提升房地产开发项目的附加值。

③使项目具有独特的个性。项目的主题具有区别于其他项目的独特个性，无论在内容、气质上，还是在形式、手段上都独具一格，其他项目难于模仿。这种独特性的存在，就形成了项目的竞争优势。

（三）房地产开发项目策划的主要内容

房地产开发项目策划是指从项目的总体布局至单体方案进行清晰、明确、具体的设计工作，是一项技术工作。该工作主要实施单位为设计院，任务来自甲方，提供的服务就是按照甲方的设计任务书对开发项目进行规划设计，完成的标准是甲方满意，并同时满足国家标准和政府要求。策划管理工作是以房地产项目开发需求为目标，采用适用的技术手段，对投资目标、开发构想进行可量化、可预见的分析，提供全面解决方案的过程。规划设计管理工作在各个层次整合、协调设计所需的内外部资源，并对一系列设计策略与设计活动进行管理，通过合理策划和控制设计过程，寻求最合适的解决方法。要求相关人员代表甲方对与规划设计有关的活动，如市场调查、土地购买、咨询和招标、规划设计、报批和设计变更等进行统一管理和协调，是基于内部需求的一种管理。

策划管理的目的是按照公司的决策和计划，在投资、质量和工期等方面进行控制，以期提高产品开发设计效率，最大限度符合开发战略，实现项目价值最大化。契合企业的发展战略，锁定项目的经营目标，贯彻经过审批的概念性设计、原创性形态构想，完成实施方案设计、初步设计以及施工图设计，进行设计过程的全程监控，贯彻落实产品策划目标、质量目标、进度目标和成本目标，开展施工阶段的设计监理，确保实际最终产品满足项目定位策划、设计原创构想的要求。

1. 房地产开发项目区位分析

区位指地理位置与经济活动的相互作用和关联体现在空间位置上的结果。其不同于地理位置概念的特征在于模糊性和弹性。区位理论通过对区位的研究来指导项目投资布局。大部分学者认为，最早研究该理论的是德国经济学家屠能，他的著作《孤立国》中提出运输成本这一因素造成农产品生产选址的差异，体现形式是租金。其模型本质是在给定位置上选择租金最大的生产活动。

由于空间上的经济发展程度并不一致，不同区位间存在差异，所以不同区位上的房地产价值也各不相同。区位理论把房地产区位的影响因素分为以下三类。

①影响土地区位的因素。主要包括一般性因素、中观区域因素和微观区位因素。一般性因素如人口密度、自然条件、社会经济状况（社会治安状况、国民收入、消费水平、利率水平、物价水平等）、土地与住房政策、城市规划等；中观区域因素包括商业密集度、道路通达度、公共设施建设情况、土地使用限制等；微观区位因素如地质条件、宗地形状、地块面积、临街条件等。

②影响房屋区位的因素。主要指各个建筑间立体区位的差

异。其关系着房屋的使用效益和利用价值。例如，楼栋位置、楼层、朝向等。

③影响房地产使用功能的因素。投资项目的种类、性质差异，决定了其选址的影响因素也大相径庭。比如制造业工厂更看重道路运输的便利性、投资成本、人力资源等因素，而科研机构则更注重科学研究环境和资源供应效率，如邻近大学和工业园区、场地充裕等。

2. 项目合作方式与开发时机策划

该策划对后期产品定位和经济效益有巨大的影响。因为房地产开发是一项多资源、多技术共同参与的经济建设活动，资金密集、高风险、高收益、周期长，涉及专业广泛，要想达到预期效果，必须做好前期的准备工作，包括通常意义上的投资策划、土地获取、投融资安排等。

3. 项目定位与主题策划

该策划是房地产价值链中的关键环节。每一次的规划设计都是特有的全新的构思成果，直接影响最终市场的接受程度，决定着最终房地产产品的销售情况和经济效益。

4. 项目资金运作策划

项目资金运作策划是房地产开发项目建设中必不可少的一环，需要对项目进行全面、详尽、深入的技术和经济分析，并对该工程的投资方案进行评估。在项目策划中，根据项目的发展规划，对资金的可能来源、资金来源的比例进行分析，对项目的短期和长期的投资计划进行分析，并根据项目的筹资方案，对项目的预期经济效益进行评估。

5. 项目营销推广策划

房地产营销是市场经济中众多营销活动的一种，我国房地产销售的兴起最早是在 20 世纪 90 年代，和其他行业的市场营销一样，房地产企业也是围绕着产品和服务面向消费者开展营销活动。

房地产的产品包括但不限于住宅公寓类、商业地产、办公写字楼、工厂等与房产有关的产品，也包括产品开发、楼盘命名、物业管理等服务，房地产营销有以下几个特点。

①销售的区域性。同一个开发商、同样的产品在不同的地理位置会有不同的营销策略。同样，同一个区域的房地产产品在不同的开发商手中也会有不同的营销策略和渠道，这是由房地产自身的区域性决定的，与区域的经济发展水平、环境质量、人文素养具有较大的关联性。

②市场的不完全竞争性。对于房地产行业来说，由于卖家和买家的数量不具有均等性，房地产的信息较难获取，一般消费者很难充分掌握房地产商品的全部信息，再加上我国的房地产交易活动受到国家的限制，造就了房地产市场具有不完全竞争性。

③高交易成本。与房地产关联的土地是稀缺性资源，而土地开发成本较高，且房地产开发所需资金量较大，进入房地产市场的门槛较高，因此房地产行业是具有高交易成本特征的行业，它主要体现在产品或服务的价格价值上。

④对国家政策、法律的敏感性。房地产的供应以我国的土地为主，且土地是不可再生资源为国家所有，政府持续出台各种法律法规来规范房地产市场开发行为，在我国法律的宏观调

控下，我国房地产行业健康有序发展，同时其对国家政策的依赖性越来越强。

⑤综合性和跨行业性。房地产行业之所以是我国经济发展的重要支撑力量，很大一方面原因是其不仅自身发展迅速，同时也带动了其他行业如建材、钢筋、水泥以及与之相配套的物业管理、装修等的发展，行业的牵连让房地产具有综合性、跨行业性的特性。

⑥长期性和动态性。我国房地产营销一般以期房为主，这是由于房地产开发时间较长，从土地竞拍、项目获批、开发、营销到建成投入使用，需要较长的时间，并不能短期完成，一般需要一年甚至更长的时间，这也是房地产市场销售与其他行业销售最明显的差别之一。

营销推广策划也是房地产价值链当中的重要一环。房地产企业的投资策划、土地获取、施工等工作的最终价值体现在将合适的产品销售到合适的客户那里。

6. 项目经营方式策划

房地产投资的金额极其巨大，其项目的成功与否也对项目所在地产生巨大的社会影响，因此投资前要有一定的风险认知和风险判断的能力。我国的房地产行业串联了上下游相关的较多产业，规模和影响力都对社会经济有重大影响。由于土地受国家管控，因此我国的房地产行业跟资本主义西方国家相比市场化程度要弱一些，国家政策对市场的影响极大，而预知政策也几乎不可能，因此风险认知需要贯穿项目开发全程。首先，风险是多变的,不同的项目具有不同的风险差异性和不确定性;其次，房地产投资风险巨大，不光会给房地产企业带来损失也会给当地的社会经济效益造成不小的冲击；最后，项目前期的风险预测不一定是在项目实施过程中产生的结果，具体损失会在准确性上有差异。成功的房地产投资项目的建设都是建立在对风险充分预测并有健全的风险分担机制的基础上的。

2021 年，房地产金融空前紧张，中国各大城市严控房价，金融政策积极响应，从开发贷款和消费贷款双向进行限制，不让更多的热钱流入房地产行业。为有效应对现阶段的政策风险，房地产开发企业应该谨慎对待开发过热区域，寻找相对空白的市场区域，并控制对融资渠道的依赖程度，对应公司自身的开发周期、产品特点和资金充裕度，配合之后的发展方向进行预测，以此来为之后的开发决策做出准确的判断。除此之外，努力修炼自身实力，响应国家号召，以此来规避政策风险。

该策划主要指对项目效益实现的方式进行策划，例如产品是出售还是出租或是自营，出售或出租的进度安排等，当然也包括物业管理的前期介入策划和如何实现物业的保值增值，以及如何通过恰当的投资组合来降低投资风险等。

第四章　房地产开发项目的建设

房地产开发项目的建设是房地产项目的具体施工过程。本章分为房地产开发建设程序、工程项目施工投招标、工程项目的竣工验收三个部分。主要包括房地产开发建设的决策阶段、前期阶段、施工阶段和竣工使用阶段，施工投招标的背景和范围，房地产项目投招标概述及流程，投招标对房地产企业的作用等内容。

第一节　房地产开发建设程序

一、决策阶段

决策阶段是房地产开发项目的开始，也是四个建设程序中最重要的阶段。这个阶段的决策是否正确，决定了项目的最终目标能否实现，它直接决定着项目的成败。这一阶段，项目必须通过市场调研对投资的可行性进行审查和评估，通过招标、拍卖、挂牌等方式取得土地，争取项目开发资金，进行开发项目审批。

二、前期阶段

在项目投资决策确定之后，在破土动工之前所做的准备工作，包括土地使用权的获取、征地拆迁、规划设计、施工现场的基础设施建设等。这一阶段所耗时间长，对确保整个开发工作的质量极为重要。

土地确权的主要工作是通过对意向地块的可行性分析研究，确定最终的开发地块，并获得该地块的土地使用权。这一阶段是房地产开发中最为重要的工作，直接决定了房地产开发工作的成败。

报建工作是为了取得各种开工许可证书，包括《规划许可证》《施工许可证》；营销策划要根据市场调研及分析，确定项目营销定位；设计工作要出具规划设计方案、单体设计方案和施工图设计等；合约招标即选定施工单位和监理单位，这些工作的完成是后续阶段得以开展的前提。

房地产开发项目的规划设计主要包括环境设计与单体设计。大规模房地产开发项目一经确定，首先就应考虑进行控制性详细规划。对于需要多年才能开发完的项目，要充分考虑土地使用性质的复合功能与兼容性，为未来动态市场储备与提供可靠的土地。环境设计即根据地貌状况，融入人文、建筑、生态等规划因素，依照规划设计规范对建设密度、容积率、绿化率等指标合理控制，对市政公用设施及公共服务配套设施进行科学合理的布置，以满足人们对居住质量和文明生活的需求。随着生活水平的提高，环境绿化越来越受到人们的重视，因此要规划好项目的中心绿化用地、组团绿化用地，以及林荫道和庭院花圃，尽可能运用花、草、木和点、线、面相结合的方法，营造层次丰富的绿化空间。单体设计又分外部设计与内部设计。外部设计在充分考虑主体安全性的同时，吸纳民俗文化，融入建筑艺术，单体平、立面采用多层次处理方法，于错落之中塑造建筑群体的艺术美感。内部设计主要包括室内使用功能、设施、通讯、采光、节能等方面的设计。

三、施工阶段

此阶段，主要工作是按照设计进行施工，并根据实际情况优化调整，达到质量、工期、成本的相对协调与最优。

实施阶段是指主体工程从开工到竣工的全过程，是最长的阶段。这一阶段的主要任务是确保成本，使项目的建设时间和安全性等达到规划要求，是基本建设的重要阶段。

施工阶段是将开发过程涉及的人力、材料、机械设备、资金等资源聚集到一个特定的时空点上的施工生产活动。施工阶段的工作，包括施工准备，如人力准备，通过招标投标确定施工队伍；建材和施工设备的准备等。概括起来，该阶段的主要任务就是通过招标投标优选施工单位，对建设过程进行总体组织、协调，对项目的进度、质量、成本进行控制。

四、竣工使用阶段

竣工使用阶段是项目经政府相关管理部门检验合格后交付给业主的阶段，向前承接项目建设全过程，向后联系着以物业服务为主的市场。顺利完成交付、保证客户体验满意度和打造企业市场口碑是该阶段最为重要的任务。房地产项目竣工使用及运营阶段是建筑的最后阶段，即将建筑产品转化为现金利润，是最重要的阶段，如果运营结果令人满意，就会使项目有足够的资金进行再投资，以确保有足够的现金流量来发展成功的项目。运营结果若不令人满意，大笔投资将无法回收，发展收益无法恢复。

（一）竣工阶段

开发项目的竣工验收工作是全面考核建设成果的最终环节。对所有建设项目，都要根据批准的设计文件所规定的内容进行验收，并由开发单位成立竣工验收小组，到现场分区、分线、分栋逐项验收。验收小组一般由开发单位、房管部门、设计单位、投资单位、施工单位、工程质量监督站等共同组成。

对于设计规定或上级要求分阶段建设的单项工程，则应分期分批进行验收。经验收合格的工程应立即办理交付使用手续，交付经销部门销售或出租，使房屋尽快投放使用和管理。政府部门对居住区或住宅小区的综合验收则是全面的、高层次的验收，除验收各单位建筑的质量外，更加侧重对小区建设的整体水平的综合验收，如环境质量、配套工程等。

（二）使用阶段

开发项目竣工验收后，开发商最为关注的就是开发出的商品房是否能按原预期价格租售出去。开发项目建成后，一方面要根据市场情况进行商品房租售经营，以合理的价格积极推销，尽快地组织资金回笼；另一方面，对已进入房地产的使用阶段的商品房要搞好售后服务与管理。从某种意义上讲，开发后的管理比开发建设更重要。

在售后使用阶段，房地产的管理有多种模式，就住宅小区而言，有 5 种模式：①开发公司管理型；②开发公司、街道办事处、居民代表三结合管理型；③房管所管理型；④街道办事处管理型；⑤专业性的房地产物业管理公司管理型。

物业管理是一个很重要的服务行业，良好的物业管理能延长物业的经济使用寿命，能使物业保持良好的运行状态，使物业易于出售或出租。物业管理的好坏，直接影响着房地产的社会经济、环境等各方面的效益。目前我国已涌现出一批专业性的物业管理公司，不少地区创造了适应本地实际，有着明显地区和行业特色的物业管理模式。

第二节　工程项目施工投招标

一、施工投招标的背景和范围

2013 年 2 月 26 日，国务院办公厅发布的《国务院办公厅关于继续做好房地产市场调控工作的通知》中提出“坚决抑制投机投资性购房、增加普通商品住房及用地供应、加快保障性安居工程建设、加强市场监管”，明确了政府对房地产市场调控的指导意见。政府通过调控房地产市场来稳定经济发展，不断调整相关政策使房地产市场向平稳健康的方向发展。

在这个背景下，房地产企业需要适应环境的变化，其管理方式也需要与时俱进。投招标作为现代经济社会较为普遍使用的一种商品交易的方式，在公开性、公正性、公平性的前提下，以竞争的方式提高企业的资源配置效率，保证企业尽可能地获得最大效益。根据《中华人民共和国招标投标法》中的规定，在政府与各类企业之间、企业和企业之间进行的各类工程项目建设、材料物资的采购等活动，需要使用投招标的方式订立具有法律效力的合同，以保障合作双方的权益。根据现代法治建设的要求，房地产项目的投招标活动必须要受到法律法规的约束。

我国投招标的应用范围较广泛，各个领域的科研立项、工程建设、材料采购和服务性采购活动都有所涉及，其中应用率最高的就是工程建设方面，能够达到 80% 左右。根据统计，公用事业项目建设、大型基础设施建设等方面全部要通过招标程序完成。部分地区以投招标方式进行建筑材料采购的应用率也接近 90%。不过，现实效果和统计数据之间有较大的差距，高应用率下的投招标效果与预期效果背离较大，其中接近 70% 的投招标项目偏离预期目标。究其原因是投招标阶段的各类风险识别手段不完善，缺乏事前预防意识。因此，要取得较好的投招标预期效果，项目的初始阶段就要进行风险识别，对可以预防的风险提前拟定对策，对无法规避的风险也要想办法尽可能减少损失。企业在风险控制方面要具备主观能动性，使企业投招标从控制成本和提高质量方面达到预期效果。

2015 年 3 月 1 日起施行的《中华人民共和国政府采购法实施条例》在促进廉政建设方面起到了一定作用，该条例规范了采购相关事宜，保护采购当事人的合法权益，以保证采购资金使用效果。企业希望通过投招标管理来实现房地产项目利润最大化，在开发过程中也能够满足客户对工程质量的需求。可见，对于房地产企业来说，投招标工作效果会较大程度地影响项目利润和工程质量，同时也是房地产项目投招标风险管理水平的重要体现。

由此可见，政府要调控房地产市场，现阶段房地产企业需要提高投招标风险管理水平，但目前我国投招标风险评价体系的建立还有待进一步完善，因此房地产项目的投招标风险管理是有一定研究价值的。

二、房地产项目投招标概述

房地产项目投招标包括投标和招标，是通过采用公开招标或邀请招标的形式，先由招标人确定招标项目，安排招标活动计划，根据市场经济运行模式来选择项目设计单位、项目监理单位、施工单位等，由工程承包单位、项目监理单位等投标人参加投标工作，争取招标人拟在建工程，而招标人则从中选取最佳的一个来完成项目的一类交易方式。房地产项目投招标主要指房地产企业从房地产项目设计、监理、施工、园林绿化工程、电梯、机电设备等方面进行投招标。

《中华人民共和国招标投标法》第五条明确要求，招标投标活动必须要始终坚持公开、公平、公正的原则。房地产项目的投招标活动同样也应遵循这些原则，首先工程招标信息应该做到透明公开，避免信息不对称的现象，确保全部参与投标企业都能使用合法手段得到与工程相关的准确信息，营造公平公正的投竞标氛围。除此之外，根据相关规定，招标人必须要确保投招标活动的时间和程序与招标文件相符。而且一旦承包单位中标后，招标人要及时向参与投标人员告知竞标结果。实施工程招标期间，招标人要想办法最大程度保护投标方的合法权益，相互之间要享受同等的权力，也要履行相应的义务，主观上防止偏袒行为的出现。

三、房地产项目投招标的流程

（一）房地产项目招标流程及内容

一般招标流程如图 4-1 所示。

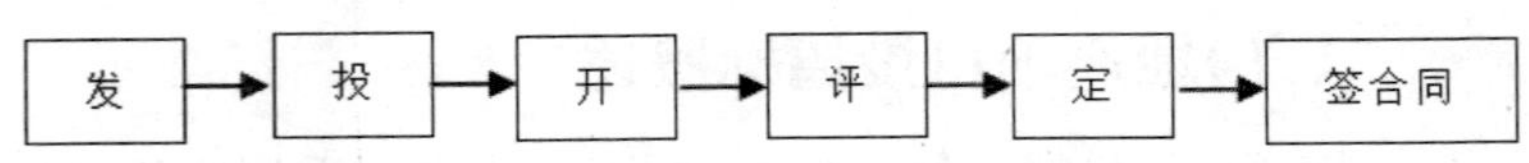

图 4-1　房地产项目招标流程

因为工程的独特性，工程招标的流程在此基础上有自己的特点。在发标前，招标人（房地产开发企业）要在政府相关部门办理手续进行备案，需要提前准备好建设工程规划许可证、施工图、工程项目报建表等工程建设立项文件，并提交审查备案。

招标方式根据规定，可以选择公开招标或者邀请招标。如果选择公开招标需要借助媒体媒介发布项目的招标公告，同时罗列招标人的主要信息，如项目的属性工期要求、单位资质要求、招标截止时间以及联系方式等。如果选择邀请招标则应发送投标邀请函，发送对象应是三家及以上的企业法人。

招标人在准备阶段需要编写项目招标文件，文件主要包含以下内容：①投标人须知；②施工技术要求；③工程项目的性质及工程量；④投标价格要求；⑤评标标准及方法；⑥工程开工和竣工日期及合同履约期限；⑦投标人的资格要求；⑧投标文件的编制要求；⑨投标保证金的金额及其他担保形式；⑩递交投标文件的地点及截止日期；⑪合同文本的要求；⑫开标、评标、定标主要环节的时间安排；⑬招标中的其他要求事项。

发放招标文件前，需要提前对投标参与人资格进行预审，主要审查下述几方面：投标企业的财务状况；投标企业的施工经验及能承担的工程规模，投标人是否存在违约或者不守信等情况；等等。

（二）房地产项目投标流程及内容

投标人是依照招标人的要求参加投标的法人或其他组织。通常情况下，投标人必须按照有关要求，对招标项目的有关区域进行相应的调查研究，以此为基础编制有关投标文件。然后，根据招标文件的要求，在合同约定的时间和地点对有关投标文件进行盖章，并将有关招标文件发送至招标单位。投标后，投标人应按时出席评审会，回答评审委员会提出的疑难问题，并严格接受对评审过程的审查。

投标人必须通过合法途径获得招标文件，还要尽快编制投标文件，确保在规定的时间内投送给相关单位。文件主要包含下述几项内容：①投标函；②能证明投标人资格、资信的文件；③投标价格；④投标担保，具体包含保证金或者其他形式；⑤其他招标文件所需要的内容。通常情况下是招标人或者其委托的代理人在回标后，按照既定的地点和时间组织开标，做到信息公开。一般招标文件需要当众拆封，由专人对开标期间的相关基础信息和重要信息进行详细记录。评标则需要组建评标委员会，这个阶段的主要工作是严格审查投标文件内容，如是否提供了招标文件规定的所有材料。中标单位确定后，需要及时制作中标通知书，然后完成各类合同的审核、签订工作。

四、投招标对房地产企业的作用

房地产企业是以房地产为对象来进行开发、经营、管理和服务活动，以盈利为目的的自主经营的社会经济组织。产业的特点决定了房地产企业的经营管理会极大地影响社会宏观和微观环境，它的经营活动和周边经济有着非常紧密的联系。对于房地产企业来说，其实际经营活动涉及诸多方面，诸如开发、征地、经营、建设等，急需资金和人才的大力支持，涉及非常广泛的专业知识。因此，在管时最重要的就是专业人员的协同合作。

房地产企业经营模式独特，需要投入的资金很多，竞争压力大，风险也随之增大，企业面临的不确定性风险因素也随之增多，既是一个资金密集型企业，也是一个知识密集型的企业。目前，我国市场经济发展飞速，行业垄断亟待被打破，投招标目前所采用的原则也顺应了当前的市场趋势，主要以“公开、公正、公平”为主，形成了健康有序的市场环境。

房地产项目的投招标实施，有利于招标单位选择更合适的建设单位。通过公开招标，能在一定程度上提高招标者的经济效益，促使工程成本造价趋于理性；而在公正、公平的竞争条件下，投标者为了提高自己的竞争能力，往往会自觉地采用先进的技术，提高工程质量，节约工程的费用，缩短工程时间。投招标对房地产企业的作用主要体现在下述几方面。

第一，有利于规范和简化工作程序。相关单位必须具备招标条件才能进行招标相关工作，这是有关法律的明确规定。项目建设前期就需要提前做好招标的准备工作，只有提前准备好工程投招标程序，才能有效保障工程建设的有序开展。

第二，有利于保证和提高工程项目质量。近年来，一些重大质量安全事故事件现象的背后，是因各种利益关系而出现的管理水平和技术水准不达标的投标人中标的情况。投标人竞标的公平性有待提高，因此，房地产企业在招标文件中需要明确工程质量标准，建立健全验收办法。这样既能保证项目质量，又能对投标单位建设精品工程起到激励作用。

第三，有利于缩短工期，节约建设成本。房地产企业为了保证自身利益，一般在招标文件和相关合同文件中都会明文规定违反条款的惩罚措施。例如误工或其他原因引起延期交付，会对施工单位进行相应罚款等经济惩罚措施。这种做法都是为了提醒施工单位要重视这项工程，并在确保质量的前提下，以最快的速度和效率完成工程建设。而且，身处这样良性竞争的环境中，在招标期间，房地产企业也可以货比三家，减少超出预算的可能性，降低工程建设的成本。

第四，能够刺激投标单位采用更先进的技术。投标单位为使自己中标，所使用的技术成果和管理方法也必然是较先进的，特别是材料也会优选高质量且新型的，最大限度满足客户需求。

第三节　工程项目的竣工验收

一、竣工验收的概念及作用

工程项目竣工验收是项目周期的最后一个程序。它是检验项目管理好坏和项目目标实现程度的关键阶段，也是工程项目从实施到投入运行使用的衔接转换阶段。

从宏观上看，工程项目竣工验收是国家全面考核工程项目建设成果，总结工程项目建设经验的重要环节。一个工程项目建成投产交付使用后，能否取得预想的宏观效益，需经过国家权威性的管理部门按照技术规范、技术标准组织验收确认。

房地产开发项目竣工验收主要由开发商或监理单位负责组织，设计、施工、设备制造单位有提供有关资料及竣工图纸的责任。在未办理竣工验收手续前，开发商或监理单位对每一个单项工程要逐个组织检查，包括检查工程质量情况、隐蔽工程验收资料、关键部位施工纪录、按图施工情况、有无漏洞等，使工程达到竣工验收的条件。同时还要评定每个单位工程和整个工程项目质量的优劣、进度的快慢等情况。

竣工验收是建设成果转入生产使用的标志，也是项目管理的重要内容。工程项目竣工验收的主要作用如下。

①从整体上看，实行竣工验收制度，是国家全面考核工程项目建设成果总结工程项目建设经验，提高项目管理水平的重要环节。

②从投资者和建设单位角度看，项目竣工验收是加强固定资产投资管理、促进项目达到设计能力和使用要求、提高项目运营效果的需要。

③从承包者角度看，项目竣工验收是承包者对所承担的工程建造任务接受建设单位和国家主管部门的全面检查的标志。及时办理竣工移交手续，收取工程价款，有利于促进建筑企业健康发展，也有利于企业总结经验教训，提高项目管理水平。

④从项目本身看，开展竣工验收，有利于项目及早投入使用，也有利于发现和解决项目遗留问题。

二、竣工验收项目的基本条件

（一）项目竣工联合验收

①项目完成情况符合下述条件的，可以申请验收：项目精确完成了设计方案里所要求的内容，建设方已经进行了相关的预验收工作，并且确定该项目符合竣工验收的相关条件；防雷设施、消防安全设施已经根据设计方案完成建设，经过高资质的单位实地检测，符合国家安全规定；建设项目已经贯彻落实国家要求的防治污染措施，经过高资质的单位实地检测，符合竣工的标准；人防设施满足建设方案里的要求，经过高资质的单位实地检测，符合竣工的标准；水电已通，具有通气的条件和资格，室外的排水设置健全完善；已经完成了建设项目竣工测绘、房屋具体占用面积测绘、地下管道设施测绘等相关工作，并且具有检测成果报告；建设的项目资料符合相关工程文件归档等具体要求；具有其他应需具备的相关条件。

②建设方必须按照相关验收要求，把所需的具体材料送达窗口。

③验收窗口接受相关申请资料后，要按照不同职能部门的不同职责，把相关的工作任务分配下去。

④各个职能部门在收到具体工作任务之后，要把检测的成果，是否有联合验收的相关信息反馈给窗口。

⑤验收窗口在收到各个职能部门的相关反馈之后，需要联合其他部门和建设方，明晰具体验收时间和地点，并且通知相关参与方到现场进行验收。相关部门需要通知其他相关单位参与验收。在接到通知后，没有按照相关规定参与现场验收的，将进行专项验收。

⑥联合验收活动结束之后，参与部门需要出示验收的结果资料，并把文件送到具体窗口。建设方到具体窗口统一领取资料。

（二）项目移交管理

①项目移交验收的必备条件如下：项目完成、部门验收完成（人防、消防、防雷等）、基础设施配置完整（排水、电气、天然气、有线电视、暖气、装机条件等）、竣工资料齐全（竣工图和管线图资料）、室外工程结束（封闭环境的形成）。以上一系列条件必须满足，缺一不可。

②项目移交的工作程序如下：工程部要起到带头作用，在竣工之际就发起该项目的验收工作；紧接着工程部进行验收，验收合格后在 7 天内要将该项目移交到物业公司手中，且要通过书面方式，在规定移交日期的前 7 天告知该单位，移交验收所需的资料（单向工程移交清单、竣工验收报告及相关质量检查资料一套、竣工图纸一套、房屋钥匙、各种智能卡）也要先经过公司的认可和批准,然后再送到物业公司进行核查和留底。

③项目移交验收的程序如下：首先，工程竣工之后，物业公司要实地考察，按照给出的工程移交清单进行对照和核对，看细节方面是否存在问题；其次，验收完毕之后，物业公司的验收人员要在工程移交清单上签上自己的名字，签好后将该清单返送到工程部进行二次核查，核查无误后，该流程结束。

三、工程竣工验收的标准

工程质量应达到协议书约定的质量标准，质量标准的评定以国家或行业的质量检验评定标准为依据。因承包人原因工程质量达不到约定的质量标准，承包人承担违约责任。双方对工程质量有争议，由双方认可的工程质量检测机构鉴定，所需费用及因此造成的损失，由责任方承担。双方均有责任，由双方根据其责任分别承担。合同约定的质量标准具有强制性，规范了承发包双方的质量责任和义务，承包人必须确保工程质量达到验收标准，不合格不得交付验收和使用。

单位工程必须符合各专业工程质量验收标准的规定。合格标准是工程验收的最低标准，不合格一律不允许交付使用。

建设项目的某个单项工程已按设计要求完成，即每个单位工程都已竣工、相关的配套工程整体收尾已完成，能满足生产要求或具备使用条件，工程质量经验收合格，竣工资料整理符合规定，发包人可组织竣工验收。

建设项目的全部单项工程均已完成，符合交付竣工验收的要求。在此基础上，项目能满足使用或生产要求并应达到以下标准：①生产性工程和辅助公用设施已按设计要求建成；②必要的生活设施已按设计要求建成；③生产准备工作能适应投产的需要；④其他安全环保设施、消防系统已按设计要求与主体工程同时建成。

四、竣工验收的程序

（一）验收前的准备

①依据法律规定，施工单位应全面完成合同约定的工程施工任务，包括土建与设备安装、室内外装修、室外环境工程等。

②依据建筑工程安全生产监督管理法规，施工单位应当通知建设工程安全监督站进行安全生产和文明施工方面的验收评价。

（二）交工验收

①工程完工后，施工单位按照有关工程竣工验收和评定标准，全面检查评定所承建的工程质量，并准备好建筑工程竣工验收有关工程质量评定的统一文表，同时准备好所有的工程质量保证资料，填好工程质量保证资料备查明细表，向建设单位提交工程竣工报告，申请工程竣工验收。

②实施监理的工程，工程竣工报告和质量评定文件、工程质量保证资料检查表格须经总监理工程师签署意见。监理单位应准备完整的监理资料，并对该工程的质量进行评估，填写工程质量评估报告。

③建设单位收到工程竣工报告后，组织勘察、设计、施工、监理等单位和其他有关方面的专家组成验收组，制定验收方案。

④建设单位应当提前 7（有的地方为 15）个工作日将验收的时间、地点、验收组名单书面报送负责监督该工程的工程质量监督站，并向工程质量监督站填交“工程竣工验收条件审核表”。

⑤工程质量监督机构对验收条件进行审核，不符合验收条件的，发出整改通知书，待整改完毕再进行验收。符合验收条件的，可按原计划验收。

⑥建设单位组织工程竣工验收。具体的操作程序：召开验收会，建设、勘察、设计、施工、监理单位分别汇报工程合同履约情况和在工程建设各个环节执行法律、法规和工程建设强制性标准的情况；审阅建设、勘察、设计、施工、监理单位的工程档案资料；实地查验工程质量；对工程勘察、设计施工、设备安装等各个环节做全面评价，形成经验收组人员签署的工

程竣工验收意见，载入“工程竣工验收报告”中；参与工程竣工验收的建设、勘察、设计、施工、监理等各单位不能形成一致意见时，应当协商并提出解决办法。

⑦工程质量监督机构应当在工程竣工验收后 5 日内，向备查机关提交“工程质量监督报告”。

⑧移交竣工资料，办理工程移交手续。工程已正式组织竣工验收，建设、勘察、设计、施工、监理和其他有关单位已在工程竣工验收报告上签字，工程竣工结算办完时，承包人应与发包人办理工程移交手续，签署工程质量保修书。向发包人移交钥匙时，工程室内外应打扫干净，达到窗明、地净、灯亮、水通、排污畅通、动力系统可以使用。向发包人移交工程竣工资料，在规定的时间内，按工程竣工资料清单目录，进行逐项交接，办清交验签章手续。

原施工合同中未包括工程质量保修书附件的，在移交竣工工程时，应按有关规定签署或补签工程质量保修书。

（三）政府行政职能部门的验收

政府行政职能部门的验收主要包括城市规划主管部门、消防监督部门、人防主管部门、环保主管部门以及档案管理机构的验收。这些不同的职能部门验收的侧重点和业务管理范围不同，但他们的验收程序基本一样。

①建设单位分别向有关部门递交验收申请报告。

②主管部门安排现场察看。主要是检查项目建成效果是否符合主管部门在项目报建审核时所确定的要求和建设标准。查验出不符合要求的地方，及时提出整改意见。

③查验合格或整改合格者，由主管部门核发验收合格证明文件。

（四）项目主管部门正式验收

大型或限额以上建设项目的验收，还需要由国家有关部门组成的验收委员会主持，业主及有关单位参加，听取业主对项目建设的意见，审查竣工预验收鉴定报告，签署“国家验收鉴定书”，并对整个项目做出验收鉴定和对项目动用的可靠性做出结论。

第五章　房地产开发项目的管理

本章分为房地产开发项目管理概述、房地产开发项目进度管理、房地产开发项目成本管理、房地产开发项目合同管理、房地产开发项目销售管理五部分。主要包括房地产开发项目管理的含义、房地产开发项目管理的常见问题、房地产开发项目进度管理理论、房地产开发项目进度管理策略等内容。

第一节　房地产开发项目管理概述

一、房地产开发项目管理的含义

房地产开发项目是指，在一个总体设计或总预算范围内，由一个或几个互有内在联系的单项工程所组成，建成后在经济上可以独立经营核算，在行政上又可以统一管理的单位工程。房地产开发项目具有密集性、系统性等特征。

房地产开发项目管理是指，房地产开发企业在整个项目的开发建设过程中，通过计划、指挥、检查和调整等手段进行质量、进度、成本、合同与安全等方面的全面管理，并与社会各相关部门进行联络、协调，以实现项目的经济效益、社会效益和环境效益。

房地产开发项目管理是把项目策划和工程设计图纸付诸实施，取得投资效益的重要管理过程。

房地产开发项目管理的基本职能包括以下几点。

①计划，指对房地产开发项目进行计划管理，能使项目的开发建设有条不紊地展开。

②组织，指通过职责划分、授权、合同的签订与执行，以及根据有关法律、法规，建立各种规章制度，形成一个高效率的组织保障体系，使项目的各项目标最终得以实现。

③控制，指对项目的质量、进度和成本进行控制，以获得最大的综合效益。

④协调，指对项目不同阶段、不同部门、不同层次之间的关系进行沟通与协调，从而为开发项目提供和谐的公共环境，保证项目开发建设顺利进行。

二、房地产开发项目管理的常见问题

（一）进度管理问题

进度计划的主观性较强，没有依据天气、供货等实际情况制订计划，仅依据以往的经验确定项目的进度节点，缺乏对所有节点可行性的分析。进度计划仅考虑到了主要的建设节点，进度计划的细化工作不到位。进度计划的落实保障不到位。房地产项目多数采用分散合同模式，总包和分包单位经常发生纠纷，会直接影响项目进度。出现进度延误后，缺乏相应的预案和补救措施，又不能根据实际情况及时调整计划，缺乏事前控制和动态管理的前瞻性。

（二）成本管理问题

成本预算的调研不充分，结算数据的分析不深入。多数房地产开发公司的预算都很少考虑到项目所在地特殊的环境和政策，只是简单地套用原有的经验数据，预算不精确，加上该行业的人员流动性较大，工作缺乏连贯性，效率较低。

（三）质量管理问题

开发企业对于施工单位的选择不严谨，施工单位的能力和水平参差不齐，资质的转包、挂靠、分包等现象较突出，也存在一些施工单位通过非法手段包揽工程的现象，给质量管理带来了极大的难度，埋下了很大的隐患。在施工过程中，经常出现盲目地追求工程进度、忽视监管流程、监管不到位、劣质和不合格产品进场的情况，隐蔽工程也屡屡出现偷工减料的情况。

（四）人力资源管理问题

考核机制中缺乏有效的沟通和反馈，主要表现为缺乏对绩效规则的有效普及，考核与被考核者对绩效考核的认识存在多个误区；公司的管理层没有与员工就其绩效制度进行面谈，绩效考核结果运用单一，被考核者申辩的通道有限，无法对绩效制度进行补充和改善。员工对绩效制度心存疑虑，对其有抵触和负面情绪，该制度无法真正起到激励员工的作用。

第二节　房地产开发项目进度管理

一、房地产开发项目进度管理理论

（一）项目进度管理概念及作用

1. 项目进度管理的概念

项目进度管理是指根据编制的项目进度计划，评定项目的各项资源，运用项目管理相关理论、方法、技术对项目各项工作任务的实施加以控制，促使项目的实施计划与进度计划吻合的一种方法。项目进度管理包括明确项目工作任务，确定工作任务的逻辑关系，估算工作任务持续时间，编制项目的进度计划，监控项目进度等内容。

（二）项目进度控制理论基础和方法

项目进度计划是对项目工作的预设安排，在编制项目进度计划时，很多问题和风险是无法预料的，致使在计划执行过程中，实际进度不能与计划进度完全吻合，这就要求项目管理人员，根据现实条件及信息，做出研判，消除偏差，达到项目管理的预设目标。因此，在项目进行过程中，必须动态跟踪、检查、收集项目每项工作任务的实际执行信息，与进度计划进行对比，必要时采取合理的纠偏措施，保证项目工作任务按照进度计划执行。这一过程被称为进度控制。

1. 项目进度控制原理

（1）动态控制原理

项目进度控制是从项目运行开始至项目完成的全过程控制，是一个动态循环过程。实际进度按照计划进度执行时，则计划有实现的可能；实际进度滞后于计划进度时，如果不采取纠偏措施，则计划目标就不能完成。因此，当实际进度滞后于计划进度时，需要分析工作任务滞后的原因，采取相应补救措施，调整工作任务进度计划，并促使工作任务按照调整后的计划执行下去。但是新的计划又会在新的干扰因素影响下发生新的偏差，这时候就需要进行下一循环的进度调整。项目进度控制就是采用不断循环更新的方法进行控制。

（2）系统原理

项目开始前，需要根据项目需要和具体控制要求，编制成本计划、质量计划、进度计划等控制计划。编制完成的计划针对性不同，则计划内容的详略不同，各级计划组成了项目计划控制系统。项目各参与方、各类管理人员，集合在一个项目中，建立起一个项目组织架构体系，形成一个完整的项目实施组织系统。为了保证项目实际进度能够按照计划进度执行，项目各参与单位、部门、人员负责项目进度的检查、统计、分析和调整等工作，分工协作，形成一个纵横相连的项目进度控制系统。

（3）封闭循环原理

项目进度控制从开始至结束是一个不断循环的过程。从编制项目各级计划开始，到实施项目计划，在此过程中不断检查、统计、分析进度数据，采取纠偏措施，调整进度计划，形成闭环的项目进度控制循环系统。进度控制过程就是这种封闭循环不断运行的过程。

（4）信息原理

信息是项目进度控制的依据。项目进度计划编制完成后，各单位、部门、人员根据不同的责任分工，落实工作。而项目执行过程中，实际的进度信息由下至上传递到管理层，决策者根据传递的进度信息，做出合理判断，决定是否需要采取相应措施，以及调整计划。项目进度控制的过程就是信息的传递和反馈的过程。

（5）弹性原理

项目的工期一般较长，能够影响项目进度的因素有很多。这就要求项目管理人员在编制项目进度计划时，预估影响项目进度因素出现的可能性，并针对相关影响因素进行风险分析，给项目计划留有一定的弹性调整空间。在项目进度控制过程中，可以充分利用项目进度计划的弹性或调整工作任务之间的逻辑关系，使项目进度按期完成。

2. 项目进度控制监测

在项目实施过程中，为了促使项目工作任务按照进度计划要求执行，需要项目管理人员不断收集项目执行信息，以便对项目的执行信息加以分析、整理，掌握项目进度发展动态。这一过程称为项目进度控制监测。

项目进度控制监测流程主要包含如下几个过程。

①跟踪检查项目进度计划执行情况。项目开始以后，就要依据项目进度计划中的内容，跟踪检查每一项工作任务的执行

状态，包括时间、质量、成本、资源等信息，并将数据记录存档，将此作为进度控制的依据。

②整理并分析进度数据。将收集记录的实际进度计划数据进行整理、归纳、分析，最后采用科学的统计方法，形成进度计划控制专业图表，如实际进度前锋线等。

③对比、判断。将整理出来的实际进度计划控制图表，与原计划控制图表进行比较，得出实际进度计划与原进度计划相比是提前还是滞后的结论。

④项目进展报告。项目管理人员需要将项目各项工作任务的进度信息编辑成项目工作任务进度情况报告向相关部门和人员报告。项目决策者根据项目工作任务进度情况报告，了解项目进度的具体执行情况和发展趋势，做出下一步的工作指示与安排。

3. 项目进度控制实施

在项目建设过程中，工作任务有时候会按时完成，有时会提前完成，还有延期完成的情况。以上情况都会对项目的后续工作带来影响。特别是工作任务的实际完成时间影响着项目后续工作的开始时间和结束时间。但并不是所有未按照项目进度计划完成的工作任务都会对整个项目的工期产生影响。有些工作任务虽然未按期完成，但是其完成时间在其工作自由时差以内，则不会对其他工作任务及总工期产生影响。这就要求项目管理人员对项目执行过程中的实时信息进行充分的分析、比较、研判，以弄清楚未按时完成的工作任务是否会对项目的工期产生影响，将此作为项目进度更新的依据。

①分析进度计划出现偏差的原因。项目实施过程中，收集工作任务进度信息，与计划进度进行比较，找出产生偏差的原因，继而采取相应对策，是进度控制的重要工作之一。

②分析工作任务进度偏差对工期的影响。当某项工作任务的实际进度与计划进度产生偏差时，要分析其对后续工作和总工期的影响程度。主要从以下几个方面分析。

一是分析产生进度偏差的工作是否为关键工作。若出现偏差的工作是关键工作，不管产生多少偏差，此项工作必然对其后续工作和总工期产生不利影响，必须对整个进度计划进行调整；若出现偏差的工作为非关键工作，则需根据偏差值与总时差和自由时差的大小关系，确定其对后续工作和总工期的影响程度。

二是分析进度偏差与总时差的关系。如果工作任务的进度偏差超过整个进度计划的总时差，则其已经影响到整个进度计划的安排，必须进行整个计划的优化和调整；若工作的进度偏差没有超过整个进度计划的总时差,说明对总工期未产生影响，但其是否对其后续工作带来影响需要分析后续工作的各项时间参数并做出判断。

三是分析进度偏差与自由时差的关系。如果工作任务的进度偏差超过了其本身的自由时差，必将会对进度计划中的后续工作产生影响，应根据整个后续工作的情况进行调整；若工作任务的进度偏差没有超过其本身的自由时差，则其对进度计划中的后续工作和总工期没有影响，不需要调整进度计划。

③进度计划的调整。对进度产生偏差的原因进行分析后，

采取相应的纠偏措施调整进度计划，主要采取以下几种方法。

一是调整项目工作之间的逻辑关系。如果某项工作任务实际完成时间严重滞后，已影响到项目总工期，则需要对整个计划进行分析、优化，在条件允许的情况下，调整关键线路和非关键线路的工作关系，以此来缩短项目工期。

二是重新编制计划。当采用任何方法都不能解决当前问题时，则应根据项目目标要求，针对剩余未完成的工作任务，重新计算持续时间、确定逻辑关系、编制进度计划，使其满足项目目标要求。

三是非关键工作的调整。虽然某些非关键工作的完成时间比计划时间滞后了，但是在其自由时差范围内，此时不会对后续工作任务和总工期产生影响，进度计划不需要调整。

四是增减工作。项目进度计划是对未来工作任务的安排，编制计划时，可能会有对项目部分工作考虑不全的情况发生，有时需要增加或删除部分工作任务，导致进度计划需要调整。增加或删除的工作任务原则上不能影响原计划的逻辑关系，只能在局部调整工作之间的逻辑关系。

④实施调整后的进度计划。完成以上的分析和调整后，将调整后的计划在项目上进行执行，重新组织安排各项工作，并不断地跟踪监测，将整个项目的进度调整形成一个循环的系统，不断进行进度控制优化，直到项目最终按期完成。

二、房地产开发项目进度管理策略

（一）完善项目进度计划管理体系

1. 改进责权分配体系

在房地产企业的发展过程中，责权体系和经营活动相互作用，都会对内部控制产生重要影响。资源体系所包含的内容众多，例如相应的沟通渠道的建立、授权方式的设立等多个方面。房地产企业通过科学的哲学体系可以进一步推动业务的合理分工，并使企业的各项资源能够合理地分配，促使企业能够实现相应的管理目标。

无论是在房地产企业发展的哪个环节，都需要通过良好的哲学体系来支撑其计划的制订和实施。责权体系的制定可以有效推进计划的顺利实施，也可以对实施过程进行相应的监督和管理。房地产企业在发展的过程中需要明确责权制度，并形成相应的责权体系。在此基础上还要实施相应的激励与责任追究机制。只有这样，才能避免房地产企业在实际的发展过程中所产生的执行力度不清等问题。

2. 优化工作流程

在房地产企业的发展过程中，其经营管理状况和内部运营情况没有发生变动时，房地产企业可以通过自发的行为来对当前已有的业务流程进行优化和改进，这一过程就是流程优化过程。房地产企业在发展的过程中需要不断建立健全体制机制，在这一基础上，房地产企业还需要不断地进行流程优化，来解决以往的业务操作不明晰等相关问题。虽然房地产企业已经制定了相应的流程手册，但是其并没有严格按照流程手册的相关规定来实施。因此，房地产企业在前期的发展中，流程优化仍停留在理论层面，形式化问题较为严重。但是，流程优化对于项目的发展来说具有重要意义。有些流程中的环节会对项目的各个阶段产生一定的影响，如果缺少了这些环节，则可能会导致结果出现严重偏差。因此，需要在流程优化的基础上，使各个部门之间能够准确地进行沟通协调，建立起房地产企业内部密切相连的组织结构。同时还要进一步强化流程手册的作用，严格要求各个部门按照流程手册的相关内容进行规范操作。

3. 加强信息沟通与反馈

房地产企业在制订相应计划的过程中，需要进一步强化沟通与反馈机制。在房地产企业的发展中，有效的沟通与反馈机制能够确保相关信息通畅传达，同时也是实现房地产企业发展目标的重要工具。房地产企业在制订了相关的绩效计划后，将计划初稿发放给各个部门，此时各个部门要根据计划内容的相关要求，制订相应的工作计划。在这一过程中，各个部门之间要进行沟通，以保证各个部门之间能够有效配合，从而使工作顺利完成。随后各个部门还需要将本部门所制订的相关计划反馈给计划管理部门，并由计划管理部门针对相关计划中的问题进行调整和改进，并再次反馈给各个相关部门。在这个不断沟通与反馈的过程中,相关的月度计划就能得到不断地调整升级，从而得到全体员工的共同认可。这样在之后执行的过程中就会更加顺利。另外，在执行相应的月度计划的过程中环境还会出现一定的变化，当出现相应的变化时，相关的部门需要对这一变化进行及时的反馈，并通过分析来制定相应的方案。尤其是在关键节点的计划编制过程中，尤其需要重视沟通与反馈机制的落实和实施。在这一过程中，相关部门需要通过沟通与协调，认真严谨地编排关键节点的相关计划，并通过相应的专题会议，使各个部门之间能够进行有效的沟通，并在相互配合的基础上完成关键节点计划的编制，以保障项目的有效实施。

房地产企业在发展的过程中需要在内部建立起全方位的沟通机制。在这一体系的建立过程中，房地产企业要对各部门的发展职责和发展目标进行明确的划分，同时要加强各部门之间的联系，使企业能够在内部形成全方位多层次的交流沟通机制。通过这种方式，各个部门之间能够有效地进行信息传达，从而减少因信息传递不畅而造成的工作失误。同时还要进一步提升各个部门的战略意识和服务意识，从公司的各个角度出发，制订相应的战略发展目标。另外，房地产企业还要基于当前的实际状况，制订相应的优化管理目标，并对相关的项目进行设计。在设计工作的实施过程中要坚持以人为本的设计理念，通过各部门之间的紧密合作，让相关工作人员能够有清晰准确的认识，并向着目标方向不断前进。除此之外，房地产企业还要进一步对员工的绩效进行考核，通过绩效管理体制和激励制度，有效地对员工进行激励和约束，从而使各个部门能够为房地产企业创造更多的价值。另外，房地产企业还要建立起统一的关键目标，并在此目标的引领下，各个部门共同努力，提高沟通协作水平，有效发挥房地产企业内部沟通机制的作用。

（二）建立绩效考评体系及完善激励制度

1. 建立绩效考评体系

（1）明确考核对象

在考核的过程中，主要是对部门绩效和个人绩效两个方面进行考核。

（2）建立考核指标

在建立考核指标的过程中，需要将关键绩效指标、计划绩效指标和行为绩效指标三个内容包含在内。

①关键绩效指标：在关键绩效指标方面，房地产主要倾向于对工程进度进行考核，而对其他方面的关注度较低。

②计划绩效指标：计划绩效指标主要是从两个方面来进行考察：项目开发计划和非项目开发计划指标。其中，项目开发计划是对项目的开发有直接影响的计划，而非项目开发计划则是与项目的开发没有直接关系的计划。

③行为绩效指标：行为绩效指标主要是考核员工在工作态度和工作技能等相关方面的表现。

（3）绩效辅导

在进行绩效管理的过程中，需要通过绩效辅导的方式来对绩效管理体系进行完善。由于企业上下级之间的沟通存在一定的障碍，因此在信息的传递和理解等方面会产生一定的偏差，这就需要绩效辅导来对这一问题进行解决。在整个绩效管理的过程中，绩效辅导作为一项非常重要的内容贯穿始终。通过绩效辅导，员工和管理者之间能够形成密切联系的整体，并通过相应的沟通交流来发现问题，解决问题，从而进一步提高绩效水平，实现共同发展。

（4）绩效考核申诉

如果员工对相应的考核结果存在一定的异义，那么可以与相关方面的考核人员进行沟通交流，以解决疑问。相关方面的考核人员也要给予员工满意的答复。如果沟通无效，那么员工可以向计划管理部门提出申诉。计划管理部门要根据员工所申诉的具体状况和相应内容进行调查研究，并在一定期限内给予员工相应的回复。

2. 完善激励制度

员工的薪酬状况可以在一定程度上反映出员工的价值和企业对员工工作状况的认同度。因此，房地产企业可以通过建立相关的薪酬激励制度，来提高员工的工作热情和工作积极性，从而使其为企业创造更高的经济效益。

第一，在建立相应的新激励制度的过程中要确保公平公正。无论采取什么样的绩效评价方法，都要综合考虑多方因素，并综合运用绩效评价。同时，相关的管理部门还要遵循公平公正的原则来对员工的绩效进行评价。激励机制的完善并不意味着给予员工尽可能多的报酬，而是要在给予员工一定的激励的基础上，激发员工的工作热情和工作积极性，使员工能够积极努力地工作，从而推动工作效率的提高和整体目标的实现。在建立相应的激励机制的过程中，需要综合考虑每位员工的工作量和成果等相关因素，并对其进行综合评价。

第二，房地产企业要建立健全相应的薪酬制度。激励制度的完善离不开薪酬制度的实施。没有薪酬制度，激励制度则失去了其实效性。因此，房地产企业在实际的发展过程中，必须要重视薪酬制度的建立健全。所谓薪酬计划，就是将个人绩效作为导向，并在评价结果和经济报酬相互配合的基础上，通过对员工的绩效进行评价对员工给予相应的资金奖励。在绩效奖金的设置方面应该坚持同工同酬的原则。房地产企业在发展的过程中可以通过周工作计划或工作日志来对员工的工作量进行记录。这一方式实施的前提就是要建立起统一的奖励标准。除了物质奖励之外，房地产企业还要给予员工相应的精神奖励。只有在物质奖励和精神奖励相互配合的情况下，房地产企业才能建立起完善的薪酬制度，实现企业的积极健康发展。在实际的项目管理过程中实施的激励机制，可以推动房地产企业从思想层面积极地进行革新，改变原有的落后的思想观念，并进一步完善房地产企业内部的相关体制机制。激励制度的实施，既有激励又有约束，可以有效地提升房地产企业的发展水平，尤其是在项目管理方面，可以推动项目管理水平不断提高，同时还可以提高房地产企业的经济效益。

（三）项目进度计划的监控与预警

在编制好相应计划的基础上，要对施工计划的相关节点进行有效把握。同时还要对可能出现的影响施工进度的相关因素进行预测，并提出相应的解决预案。相关方面的计划管理人员要定期对项目的施工状况进行现场检查，准确把握工程的发展状况。对于相关方面的管理人员来说，要重点把握关键节点的工作进度和发展状况，同时还要准确对其进行监督管理。除此之外，还要对这些方面所出现的进度偏差进行相应的计算，尽量避免因关键线路的延误而导致整体工期推迟的状况。

运营管理员还要定期对月度计划完成状况进行调查，并对相关的完成状况准确记录。对于没有按期完成的项目，要及时对其滞后原因进行分析。尤其是对于关键节点，运营管理专员要对其进行重点的跟踪调查，并研究其在实施过程中所存在的问题，及时与各单位进行沟通协调，以便提出相应的解决措施。除了对月度计划完成状况进行跟踪调查以外，还可以通过周例会的形式来对滞后计划进行分析，并探讨其滞后原因和对项目开发所产生的影响。在项目的实际开发过程中，由于多方因素的影响，其具体实施过程会具有一定的多变性，因此项目无法按照计划实施和完成。面对这种状况，房地产企业可以通过采取积极有效的措施来对具体的项目开发状况进行调查分析，并及时反馈相关信息。在此基础上，针对存在的问题提出相应的建议，并对项目的相关进度进行控制和管理，使项目能够在可控范围内有序发展。

第三节　房地产开发项目成本管理

一、成本管理的含义

（一）成本的定义

成本是企业日常经营过程中为达到某一目标而牺牲的可用货币计量的耗费，按成本归集范围可划分为制造成本和非制造成本。

（二）成本管理的定义

成本管理包含了企业日常生产经营活动中的预算、核算、分析、控制、评价考核等一系列科学管理行为。成本管理意在保质保量的前提下，从源头规划，利用科学的管理方法对企业生产的各个环节进行规划控制，力求以最少的耗用获得最大收益。

（三）成本管理的目标

成本管理的总体目标一般包含两方面：一是为企业经营决策层提供成本信息；二是提高企业成本管理的水平，降低企业成本。

二、成本管理的内容

成本管理的基本内容可以分成：成本预算、成本核算、成本分析、成本控制、成本考核。

（一）成本预算

成本预算指在房地产公司的发展战略目标指导下，为优化公司资源配置，提高公司经济运行质量，以现金流为管理核心，对公司的各项资源进行配置、控制，以便有效地组织和协调全公司各部门的生产经营活动，及促进公司战略目标实现的一种管理活动。

成本预算的内容包括科研成本预算、产品生产成本预算、管理费用预算、制造费用预算、销售费用预算等。成本预算流程包括预算目标制定、预算目标分解、预算目标完成。

（二）成本核算

成本管理工作的核心就是成本核算，核算过程就是对产品生产中各种资源消耗、人工支出、费用支出的货币计量过程，也是如实反映产品能实现的毛利率的过程。同时通过计算，也能很好地验证成本预算数据的准确性，为今后成本预算编制提供数据支撑。

（三）成本分析

成本分析就是利用成本核算结果，纵向和企业历史成本数据、未来目标成本数据、预算数据对比，横向和对标企业成本、市场上类似产品成本进行比较，并分析引起成本变动的原因，寻找引起成本变动的因素。可在此基础上，提出改进建议，进而采取有效措施，以达到完善成本管理，降本增效，提高产品的市场竞争力的目的。

（四）成本控制

成本控制就是为实现成本预算目标，对生产经营过程中发生的一切可准确计量的耗费进行及时的核算、分析、监督、调整，解决成本形成过程中的偏差，纠正不利差异，使得最终的成本数据在可控的预算目标范围内。成本控制有三个目标，一是对成本预算目标的分析和控制；二是对生产成本发生过程的监督和控制；三是关注未来成本控制的方向，为持续不断的改进成本管理奠定基础。

（五）成本考核

成本考核是针对年度预算考核指标执行情况和各部门应履行的部门职责的年度总结进行最终的评价。在年度考核期内，以各被考核主体为对象，将实际完成情况和考核指标做对比，按照房地产企业内部的考评制度进行定量、定性判定，评价其完成率并决定是否奖惩。

第四节 房地产开发项目合同管理

一、合同及合同管理

合同能使市场交易得到法律形式的保障，它作为民事主体之间设立后可变更乃至终止法律关系的协议，具有平等性、广泛性、自愿性、一致性以及法律约束性。

工程合同指的是发包人与承包人之间按照法律约定所签署的协议，即承包人进行工程建设，而发包人进行价款支付的合同，具有规范性和有效性。当前合同种类纷繁复杂，划分类别的依据也存在较多不同。

（一）按照工程承包属性划分

根据工程项目的承包属性不同，可以将工程合同划分为施工合同、设计合同、设备及采购合同等。通过这样的划分渠道，将工程施工过程的各个阶段加以拆分，可以明确工程各个相关参与方所承担的责任与义务。

（二）按照工程承包范围划分

工程承包的过程中，由于承包方的承包范围不一，可以将合同划分为总承包合同与单位工程施工承包合同。

（三）按照工程计价方式划分

工程项目的建设过程中，由于各个项目所采用的计价方式不同，可以将合同划分为固定总价合同、固定单价合同、可调价格合同以及成本加酬金合同。固定总价合同是指发包人将固定金额支付给承包人的合同。固定单价合同需要在图纸及规定、规范的基础上，确定工程结算的单价，最终支付时按照工程量进行计算确定最终支付款。对于规模大、技术复杂的项目在合同应用当中可以采用可调价格合同，而成本加酬金合同则需要将合同价格与成本、质量、进度以及其他考核指标相关联。

二、合同管理

合同管理主要是指按照国家现行法律法规来执行的各类合同管理事务,在具体理解中可以划分为广义与狭义两个层面。广义层面，指的是以合同为圆心所展开的工程项目管理具体进程；而狭义层面，则只是着眼于合同在执行过程当中的具体事务性工作，如合同的制定、履行、变更、终止等。建设工程的合同管理，需要在项目的实际要求之下，制定适合项目运行的管理标准，从而保证项目能按时完成。

第五节　房地产开发项目销售管理

一、房地产开发项目销售管理概念

房子能不能依照既定的时间、价格、流程等销售出去，关键都是看营销水平以及营销管理。而营销管理，不能脱离市场单打独斗、闭门造车，市场和客户的需求一方面多种多样，另一方面随着时代的不断进步，特别是现在互联网的日新月异，消费者的需求被不断挖掘、培养，吸引客户、满足客户、留住客户是每个企业需要去深入研究的事情。所以营销管理也是市场和客户需求的管理，更是团队营销操作能力的管理。房地产企业的经营策略也是随着瞬息万变的外部环境而不断调整的。这就要求房地产商必须对市场、经济、客户需求等非常敏感，也要不断提升自身的销售能力，甚至是整合能力。整合能力包括和各种相关资源单位的合作，利用别人的优势和资源，以实现自身的销售目标。随着房地产业多年持续的发展，消费者身边充斥着大量的房地产楼盘信息及投资渠道，因此对于销售管理而言，找到客户、吸引客户、实现成交是考验销售功力的关键所在。想办法拓宽营销渠道，采用行之有效的促销方式，也是实现营销目标的方法之一。总之，房地产开发商既要考虑到影响企业开发和经营的外部环境因素，又要有计划地综合运用促销等市场营销手段，使销售策略适应市场的变化，以达到销售产品，并最终取得良好经济效益的目的。

二、房地产开发项目销售管理策略

（一）明确销售中心和各项目的定位

销售中心的成立，既代表了公司总部，又对公司的整体战略目标负责，开展相应的营销执行工作。公司总部就是整个企业的“决策中心”，销售中心高层与企业高层共同构成公司销售板块的“决策中心”，所有重大权力如方案决策权、人事调配晋升权、资源管理权等均上收至“决策中心”。各项目就是单纯的“项目管理单元”，分别管理销售策划业务、销售业务。在管理层级上不再“一级管一级”，而是直接由销售中心统一管理，日常运营经营的职能下沉至各项目负责人手中。

（二）建立以销售中心为企业核心的运营理念

为避免出现销售中心孤立无援的局面，公司应在全公司范围内树立“以销售中心为企业核心”的运营理念。即财务部以销售为核心，在审核、收款、银行贷款等诸多方面全面配合销售中心的相关工作；物业管理部从某种角度来说也是服务部门，销售中心所接待的业主，即物业管理部的客户；成本控制部负责对销售中心产生的费用进行预算和核算。

参考文献

[1] 郭家汉.房地产开发法律风险防范实务[M].北京：知识产权出版社，2015.

[2] 金守祥.房地产市场管理实践与思考[M].上海：同济大学出版社，2016.

[3] 李建军.房地产开发企业营改增操作实务[M].上海：立信会计出版社，2016.

[4] 马光红.房地产估价理论与方法[M].上海：上海大学出版社，2016.

[5] 张智.中国房地产发展与预测[M].天津：天津社会科学院出版社，2016.

[6] 赵卓文.房地产价值重构与房地产开发新思维[M].广州：广东经济出版社，2016.

[7] 贾康.中国住房制度与房地产税改革[M].北京：企业管理出版社，2017.

[8] 黄琬坤.房地产数字营销解密[M].杭州：浙江工商大学出版社，2017.

[9] 艾德华，郑立，邸靖原.我国房地产市场选择与未来[M].沈阳：辽宁大学出版社，2017.

［10］孙永正．中国房地产经济问题透视 [M]. 杭州：浙江大学出版社，2017.
［11］袁志华，温桃．房地产开发与经营：项目驱动教学法 [M]. 北京：北京理工大学出版社，2017.
［12］孙彦民，高丽霞．房地产开发企业税务风险管理 [M]. 北京：中国铁道出版社，2018.
［13］王东叶．房地产项目成本管理控制 [M]. 北京：中国商务出版社，2010.
［14］吕风勇．房地产与中国宏观经济：历史与未来 [M]. 广州：广东经济出版社，2019.
［15］杨慧．中国城市房地产市场：历史回顾与未来展望 [M]. 广州：广东经济出版社，2019.
［16］荣晨．房地产长效机制的建立与完善 [M]. 北京：中国金融出版社，2019.
［17］吴伟巍．房地产网络平台多平台接入及相关市场界定 [M]. 南京：东南大学出版社，2020.
［18］黄春丽．“一带一路”背景下中国房地产企业国际化战略研究 [M]. 北京：中国经济出版社，2020.
［19］刘伟．房地产开发项目施工管理的若干问题与对策 [J]. 工程建设与设计，2020（24）：232-233.
［20］魏贤文．简析房地产开发阶段的设计管理与成本管理的关系 [J]. 大众标准化，2020（22）：245-246.
［21］魏贤文．房地产开发项目中成本管理的控制与策略分析 [J]. 居舍，2020（31）：132-133.
［22］刘艳．城市规划对房地产开发的调控作用分析 [J]. 城市住宅，2020，27（10）：163-164.

［23］肖川．论房地产开发项目前期工作中的管理[J]. 中国房地产，2020（29）：31-33.

［24］王琳．房地产开发企业会计内部控制的有效策略探讨[J]. 财会学习，2020（28）：191-192.

［25］金昊．房地产开发的项目管理与成本控制分析[J]. 居舍，2020（25）：3-4.

［26］胡小丽．房地产开发企业内控建设中存在的问题与对策探究[J]. 中国市场，2020（22）：111-112.

［27］臧巨宝．基于目标管理的房地产开发项目成本控制探讨[J]. 居业，2020（07）：125-126.

［28］李辉元．房地产开发项目中管理中的常见问题与改进建议[J]. 四川水泥，2020（07）：208-209.

［29］高芸．房地产开发企业内部控制存在的问题与对策[J]. 商讯，2020（36）：107-108.

［30］朱本玺．房地产开发管理的重要性探析[J]. 中华建设，2021（01）：89-90.